Mirabeau

Jenny Herrmann
Mirabeau

Herausgegeben von
Konrad Herrmann

Bibliografische Information der Deutschen Nationalbibliothek:

Die Deutsche Nationalbibliothek verzeichnet diese Publikation in der Deutschen Nationalbibliografie; detaillierte bibliografische Daten sind im Internet über http://dnb.dnb.de abrufbar.

© 2013 Konrad Herrmann (Hrsg.)

Mit 18 Abbildungen

Der Umschlag wurde von Herrn Björn Wysfeld gestaltet.

Herstellung und Verlag: BoD – Books on Demand, Norderstedt

ISBN: 978-3-7322-4578-9

Inhaltsverzeichnis

I.	Das ancien régime	7
II.	Das Bürgertum im 18. Jahrhundert	13
III.	Reformversuche	17
IV.	Geistige Wegbereiter der französischen Revolution	19
	a) Voltaire	
	b) Montesquieu	
	c) Diderot	
	d) Rousseau	
	e) Die französischen Salons	
V.	Die amerikanische Unabhängigkeitserklärung	33
VI.	Mirabeaus Familie	37
VII.	Lebensabriß Mirabeaus:	43
	a) Kavaliertum als Lebensinhalt	
	b) Betätigung nicht der Ergebnisse halber, sondern aus Tatenlust	
	c) Fehlen eines Systems seiner Ideen	
	d) Finden seiner Bestimmung erst zwei Jahre vor seinem Tode	
VIII.	Mirabeau, die Frauen, die Frauenfrage	63
IX.	Mirabeau als Schriftsteller	73
X.	Mirabeau in seinen Beziehungen zu Preußen	97
XI.	Mirabeau als Redner	101
XII.	Mirabeaus Gedanken zur Erneuerung des französischen Staatswesens im Vergleich mit den Ideen Montesquieus und Rousseaus	113
XIII.	Mirabeau und der französische Hof	119
XIV.	Mirabeau und seine Mitarbeiter	125
XV.	Mirabeaus Stil	127
XVI.	Zur Psychologie des Revolutionärs	129
Quellenverzeichnis		131

Personenverzeichnis	135
Anhang	
1.Beilage: Text der Unabhängigkeitserklärung der Vereinigten Staaten von Amerika	147
2.Beilage: Text von Mirabeaus politischen Grundgedanken	151
Nachwort	155
Bildnachweis	167

I. Das ancien régime

Keine Epoche stand mittelalterlichen Ideen fremder gegenüber als das 18. Jahrhundert. Bereits seit der Renaissance begann ein Pfeiler der mittelalterlichen Welt nach dem anderen zu schwanken. Um die Mitte des 18. Jahrhunderts ist die innere Auflösung einer nur auf die katholische Kirche und das Gottesgnadentum des Königs sich stützenden Welt vollzogen. Inzwischen waren die Ansätze einer neuen, auf der Entscheidung des vernünftigen Individuums beruhenden, wesentlich bürgerlichen Lebensform herangereift. In Staat und Gesellschaft, in Wissenschaft, Literatur und Wirtschaft versuchten sich diese neuen Ideen Geltung zu verschaffen. Zunächst äußerte sich ihre Kraft in Angriff und der Kritik des noch bestehenden, aber brüchig gewordenen Fundaments. Kein Wunder, daß in diesem Kampfe Frankreich führte und in der Revolution schließlich die Entscheidung brachte, da es das absolutistische System bis zu seinen äußersten Konsequenzen durchgeführt hatte und seine Schattenseiten sich folglich hier auch zuerst und am stärksten zeigen mußten.

Schon in den letzten Regierungsjahren Ludwigs XIV. melden sich einige Mahner. Fénélon berichtet als Erzbischof von Cambrai über das Elend der Massen auf dem Lande – on ne vit plus par miracle[1] – und er erblickt das Unglück darin, daß König und Nation durch eine Kluft getrennt sind. Als Heilmittel rät er zur Berufung von Reichsständen und fällt für seine Freimütigkeit in Ungnade. Desgleichen hat Marschall Vauban, der große Festungsbaumeister, positive Reformgedanken entwickelt. Er verlangte vor allem die gleiche Verteilung der Steuern und die Entlastung der Bauern, weil sonst die französische Rasse gefährdet werde, das französische Heer keinen tüchtigen Ersatz mehr finden könne. Saint-Simon beschreibt diesen Fall sehr ausführlich und mit viel Anteilnahme in seinen Erinnerungen, und er schließt seine Ausführungen mit den Sätzen: diese Denkschrift hatte einen großen Fehler. Sie rettete zwar das Volk vom Ruin, ruinierte aber eine Armee von Finanzleuten und Mittelsmännern aller Art und wies darauf hin, auf eigene Kosten und nicht aus der Staatskasse zu leben. Sie vernichtete mit einem Schlage die Autorität des Generalkontrolleurs, sein Vermögen, seine Allmacht und in entsprechendem Anteil den Einfluß der Finanz- und Provinzintendanten und ihrer Sekretäre und deren Schützlinge. Es nimmt daher nicht Wunder,

---

[1] Man lebt nur durch ein Wunder.

daß soviele mächtige Menschen, gegen die das Buch vorging, sich verbanden und gegen ein System sich verschworen, auch wenn es für den Staat nützlich, für den König glücklich und für das Volk vorteilhaft war. Ludwig XIV., der von den betroffenen Machthabern der Finanzen entsprechend vorbereitet war, empfing daher Vauban sehr schlecht und erteilte den Befehl, daß die Schrift in den Straßen von Paris öffentlich verbrannt werde. Der Marschall Vauban starb nach wenigen Monaten aus Gram über seine vereitelten Bemühungen.

Die Opposition gegen das System des französischen Absolutismus verblieb nicht bei solchen einzelnen Äußerungen. Der Geist der Einheit, der Konsequenz, der vernunftgemäßen Gestaltung aller Dinge des Lebens hatte die Emporführung der absoluten Monarchie in Frankreich erleichtert. Derselbe Geist hatte Menschen wie Pascal und Descartes hervorgebracht. Und immer weiter begann man, aus der entstandenen Lage rücksichtslose Folgerungen zu ziehen gegen Pietät und Tradition. Als daher Ludwig XIV. im Jahre 1715 starb, bricht mit ihm die stärkste Stütze des politischen Absolutismus. Er hatte mit unnachahmlicher Grandezza das Königtum von Gottes Gnaden repräsentiert und schwebte allen ebenbürtigen Fürsten Europas als nachahmungswürdiges Beispiel vor. Er hatte Frankreich politisch und geistig an die Spitze des zivilisierten Europa gestellt. Aber gegen Ende seiner Regierung hatte er erleben müssen, daß Frankreich durch die vielen Kriege geschwächt war, daß England und Österreich sich zu neuer Geltung erhoben und begannen, ihre politische Macht in Europa durchzusetzen. In Frankreich rief das Bewußtsein, daß die Mittel des französischen Volkes überbeansprucht worden waren, Ernüchterung hervor. Doch hatte Ludwig XIV. durch seine Unnahbarkeit, durch das starre Reglement bei Hofe die unerwünschten Mahner zum Schweigen gebracht. Aber durch die grenzenlose Verschwendung des Hofes und die unaufhörlichen Kriege war die Staatsschuld ins Unermeßliche gestiegen. Das Defizit mehrte sich, die notwendige Folge der ungerechten Verteilung der Steuern war die Verarmung der Bauern. Das Merkantilsystem begünstigte einseitig die Industrie. Reformen hätten vor allen Dingen empfindliche Opfer von den Steuereinnehmern verlangt, die jedoch nicht willens waren, bei sich selbst anzufangen. Folglich geschah nichts zur Besserung der Mißstände. Zudem war der Thronfolger Ludwig XV., der Urenkel Ludwig des XIV., beim Tode des großen Königs erst fünf Jahre alt. Die Regentschaft wurde bis zum Jahre 1723 auf den Sohn von Ludwig XIV. Bruder, den Herzog Philipp von Orleans, übertragen. Er besaß aber nicht Energie genug, um Frankreich aus seinen finanziellen Nöten herauszuführen. Zu seinem finanziellen Ratgeber erhob er den Schotten John Law, der ihn zu recht gefährlichen Transaktionen verleitete. Dieser machte den Vorschlag, Noten und Aktien herauszugeben, als deren Deckung die weiten Gebiete dienen sollten, die Frankreich unter Ludwig XIV. in Nordamerika längs des Mississippi erworben hatte und deren Ausbeutung ungeheure Schätze versprach. Dem Publikum schien es sofort einleuchtend, daß hier viel Geld zu verdienen sei; man nahm die Noten leicht an und kaufte die Aktien, so daß deren Kurs rasch eine schwindelnde Höhe erreichte. Dadurch erhielt der Staat aus der Hand der Privatleute reichlich Mittel, deckte das Defizit ab und zahlte einen Teil der Staatsschulden zurück, für die er hohe Zinsen hatte zahlen müssen und die auf sichere Objekte in Frankreich eingetragen waren. Allmählich aber gelangte man zu der Erkenntnis, daß die Ländereien und Bodenschätze Nordamerikas ja erst noch erschlossen werden mußten, ehe man sie ausbeuten konnte, daß hierzu gewaltige Kapitalien notwendig waren und daß das Vertrauen auf die Aktien in keiner Weise begründet war. Alsbald sanken die Kurse der Aktien und Noten auf den Nullpunkt, die Noten wurden präsentiert und konnten nicht eingelöst werden. Der Bankrott war da, John Law entfloh und starb in Venedig in Armut. Aber das Publikum hatte sein Geld verloren. Dafür war der Staat seine Schulden los, doch war der Staatskredit aufs tiefste erschüttert. Die künftigen Geldgeber verlangten noch höhere Zinsen als früher. Die Defizitwirtschaft begann von neuem; denn niemand am Hofe dachte daran, sich etwas zu versagen.

Im Jahre 1723 starb der Regent. Ludwig XV. war nun volljährig, übernahm jedoch die Regierung nicht selbst, sondern übertrug sie dem Kardinal Fleury. Er brachte Frankreich noch einmal einen außenpolitischen Erfolg in der polnischen Frage. In Polen, das durch seine Parteien innerlich zerrissen war, standen sich König und Gegenkönig gegenüber. Da griff Frankreich geschickt ein und präsentierte als Thronkandidaten Stanisław Leszczyński, dessen Tochter Maria mit Ludwig XV. vermählt wurde. Im Wiener Frieden im Jahre 1735 verzichtete Stanisław Leszczyński auf seine polnischen Ansprüche und erhielt dafür von den Großmächten das Herzogtum Lothringen als Entschädigung. Der Herzog Franz von Lothringen wurde mit Toscana abgefunden, wo gerade das großherzogliche Haus Medici ausgestorben war, und heiratete die habsburgische Erbtochter Maria Theresia. Stanisław Leszczyński aber vermachte das Herzogtum Lothringen dem französischen Könige. Im Jahre 1766 ist er gestorben, und Lothringen fiel an Frankreich. Hierdurch wurde die Lücke, die in der französischen Ostgrenze noch bestanden hatte, geschlossen. Es war dies der letzte große Erfolg, den das bourbonische Königtum für Staat und Nation eingebracht hat.

Im österreichischen Erbfolgekrieg von 1740 nahm Frankreich gegen Österreich Stellung. Jedoch behauptete Maria Theresia den ungeschmälerten Besitz ihres Erbes. Nach Fleurys Tode ging die Regierung der Form nach an Ludwig XV. persönlich über. Aber er war zu schlaff und haltlos, als daß er selbst die Leitung der Staatsgeschäfte hätte übernehmen können und wollen. Die eigentliche Regentin Frankreichs war in den Jahren von 1745 bis 1764 die Marquise Pompadour. Ihre Herkunft ist recht bescheiden, desgleichen ihre Erziehung, aber sie hatte ein starkes Geltungsbedürfnis und verstand es, sich in den schwierigsten Situationen zu behaupten. Sie begleitete den König während der Kämpfe in den Niederlanden; sie residierte öffentlich in Versailles und mit königlichen Ehren neben dem Monarchen, sie setzte Minister ein und ab und machte sich dem König in jeder Hinsicht unentbehrlich. Ludwig XV. verbrachte den Tag auf der Jagd, den Abend bei Tafel, die Nacht in Ausschweifungen. Er überließ der Marquise gern die Sorge und Verantwortung für die Staatsgeschäfte. Sie verhandelte mit den auswärtigen Diplomaten und gab die Linien der inneren und äußeren Politik an. Von einer Einschränkung des Hofhaushaltes war keine Rede. Die Marquise scheute sich nicht, die Einnahmen einer Provinz in Gestalt einer Perlenkette um ihren schimmernden Hals zu tragen. In der auswärtigen Politik war Zurückhaltung nicht möglich zu einer Zeit, da England auf den Weltmeeren und in den Kolonien immer kühner auftrat und auf dem Kontinent die Mächte in scharfem Ringen gegenüberstanden. Das ganze 18. Jahrhundert ist von dem politischen Wettkampf Frankreichs und Englands erfüllt, aus dem England 1815 endgültig siegreich hervorgeht. Zunächst vollzog sich unter der Marquise Pompadour die sonderbare Wendung: Frankreich ging auf die Pläne des österreichischen Staatskanzlers Kaunitz ein und trat mit dem alten Gegner Österreich in Bündnis. Der französisch-österreichische Gegensatz war seit Jahrhunderten überliefert; beide Staaten kämpften um die Stellung am Rhein und in den Niederlanden, um die Vormachtstellung in Europa. Als nun Friedrich der Große seiner Verachtung über das Weiberregiment in Versailles unverhüllt Ausdruck gab, sich vorsichtig den Engländern näherte, trat Frankreich an Österreichs Seite, England und Preußen verständigten sich. Damit trat Frankreich politisch auf den zweiten Platz. In der Folge verlor Frankreich den „Siebenjährigen Krieg" sowohl in Europa wie in den Kolonien; im Frieden von Paris im Jahre 1763 trat Frankreich den Kolonialbesitz in Kanada und am Mississippi an England ab. Es war nicht nur eine Einbuße an Prestige und Ruhm. Der Krieg hatte ungeheure Summen verschlungen; das Defizit ging in die Hunderte von Millionen. Dem Niedergang Frankreichs entsprach der Aufstieg Englands. In den drei großen Kriegen, die sich über die Periode von 1740 bis 1783 hinziehen – im Österreichischen Erbfolgekriege, im Siebenjährigen Krieg und im amerikanischen Unabhängigkeitskrieg – haben England und Frankreich erbittert miteinander gerungen. Durch den österreichischen Erbfolgekrieg konnte das Übergewicht der englischen über die französische Kolonialmacht noch nicht entschieden werden. Auf dem Kongreß zu Aachen wurden alle Eroberungen innerhalb und außerhalb Europas gegenseitig zurückgegeben. Als in der Zeit, da der Siebenjährige Krieg sich vorbereitet, Österreich in seinem Kampf gegen Preußen Frankreich als seinen Verbündeten gewann, hat England sich von Österreich trennen müssen und ist auf die Seite Friedrichs des Großen getreten. Durch das Emporkommen Preußens ist ein merkwürdiger Wandel in der Konstellation der großen Mächte eingetreten. Jahrhunderte hindurch hatte sich die Politik Europas orientiert an dem Gegensatz der Häuser Habsburg und Bourbon. Daneben war der französisch-englische Gegensatz emporgekommen und bald der wichtigere geworden. Er bleibt im 18. Jahrhundert erhalten, und nach ihm gruppieren sich die festländischen Mächte. Daneben bleibt der französisch-österreichische Gegensatz trotz vorübergehenden Bündnisses und der Heirat der Marie Antoinette bestehen, bricht jedoch erst im 19. Jahrhundert wieder hervor. England führte den Kampf in Europa mit den Soldaten Österreichs und Preußens, auf den Weltmeeren durch die rasch wachsende Marine, in Amerika und Indien durch die Söldner der ostindischen Kompagnie und durch die Milizen der amerikanischen Kolonien. Zwar hat England 1766 durch den Abfall der Kolonisten in Nordamerika wertvolle Besitzungen aus dem Siebenjährigen Kriege wieder eingebüßt. Aber die Franzosen, die in diesen nordamerikanischen Unabhängigkeitskrieg auf der Seite der Aufständischen eingegriffen haben, haben die Vormachtstellung nicht mehr zurückerobern können. Die französische Weltmacht wurde durch die englische abgelöst.

II. Das Bürgertum im 18. Jahrhundert

Noch aber blieb die geistige Vorherrschaft Frankreichs unbestritten. Der Roi soleil bot den übrigen Fürsten Europas das Vorbild der Staatsform, das Muster eines echten wirklichen Königs. Überall wurde der Absolutismus nachgeahmt. Ob es sich um einen deutschen Kleinfürsten, um einen städtischen Magistrat oder um einen Herrscher vom Range der Habsburger handelte – überall schuf man Heer und Beamtentum, richtete eine Zentralverwaltung ein, förderte die Wirtschaft, um zu Macht und Geld zu gelangen, legte die Grundlagen des modernen Kapitalismus. Frankreich war die hohe Schule der Diplomatie, des höfischen Prunkes, der gesellschaftlichen Lebenskunst. Überall breitete sich die Kultur der Höfe aus. Aber ohne Aufgaben, ohne Pflichten, ohne Leistung lebte die privilegierte adlige Schicht, im Genuß, im Spiel, mit Geld oder mit gefährlichen Ideen, an deren Verwirklichung sie im Grunde ihrer Seele nicht glaubten. Dem Adel begann es das Bürgertum gleichzutun. Es war durch das Merkantilsystem reich geworden, hatte nach Bildung gestrebt, war jedoch politisch rechtlos geblieben und forderte seinen Platz in der Staatsverwaltung, zumal die verlorenen Kriege ja auch von seinem Gelde bezahlt worden waren. Die breite Masse der Bauern jedoch hatte nur alle Lasten der Steuern und Dienste zu tragen, lebte in tiefster Armut und Unbildung, stumpfsinnig, ohne die Möglichkeit, an eine Besserung ihres Zustandes überhaupt zu denken.

Das Bürgertum, dessen Aufstieg sich auch jetzt sehr langsam vollzog, konnte doch wenigstens auf eine Blütezeit während des Mittelalters zurückblicken, wo es des öfteren an der Seite des Königs gegen den Adel gesiegt hatte. Im 18. Jahrhundert fand das Bürgertum allmählich das verlorene Selbstbewußtsein wieder. Ganz allmählich wuchs eine bürgerliche Schicht heran, die Rechte forderte, für sie kämpfte und im 19. Jahrhundert endlich dazu kam, die erworbenen Rechte zu genießen. Die Fürsten brauchten aus Gründen der Staatsraison eine produktive bürgerliche Schicht und bildeten sie durch merkantilistische Maßnahmen heran. Die Wirtschaft konnte sich durch sich selbst und durch sorgsame staatliche Pflege entwickeln. Dies haben die Fürsten erkannt und dadurch – auch ohne es zu wollen – die Stärkung des Bürgertums erreicht. Gleichzeitig waren aber auch geistige Kräfte am Werk, um die städtischen Schichten aus ihrer Enge und Schwachheit zu lösen. Insbesondere die Aufklärungsliteratur kam den geistigen Bedürfnissen des Bürgertums entgegen. Über alle Fragen des Lebens wurden vernünftige Überlegungen angestellt, die Nützlichkeit gesucht, die Versittlichung des Lebensstiles angestrebt. Noch immer war die scharfe Trennung der Stände das Kennzeichen für die gesellschaftlichen Zustände der damaligen Welt. Eine tiefe Kluft schied die Adligen von der Roture, wie man den Nichtadligen nannte. Bis in alle Äußerlichkeiten war der Unterschied zwischen den Angehörigen der einzelnen Geburtsstände zum Ausdruck gebracht. Der Adel hatte seine gewählte, prunkvolle Kleidung, die dem Bürgerlichen nicht zustand, und auch innerhalb der bürgerlichen Klassen bewegte sich alles in überlieferten Formen und Gebräuchen.

Der Adel befand sich ohne Zweifel im 18. Jahrhundert im Niedergang. In Frankreich war aus den großen Geschlechtern, die einst in patriarchalischer Weise weite Ländereien mit Schlössern, Dörfern und Bauern regiert hatten, ein Hofadel geworden, der sein Stammschloss nur noch selten sah, durch den Verwalter die Abgaben der Bauern versilbern und nach Paris sich schicken ließ; dort gab der Adel mehr aus, als er einnahm, so daß er von der Gnade des Hofes abhängig wurde. Im Brief 89 der „*Lettres Persanes*" (Persische Briefe) schreibt Montesquieu: „Ein Edelmann ist ein Mensch, der den König sieht, mit den Ministern spricht, Ahnen, Schulden und Pensionen hat. Wenn er seine Müßigkeit durch eine geschäftige Miene zu bemänteln versteht oder den Vergnügungen ein geheucheltes Interesse entgegenbringt, so hält er sich für den glücklichsten Menschen." Die Frivolität dieser Kreise nahm immer mehr überhand.

Daneben bestand ein bürgerliches Beamtentum, das stolz auf den Kaufmann herabsah, der nicht studiert hatte, der seinerseits mit dem Beamten nicht getauscht hätte. Stendhal stammt aus solch einer bürgerlichen Juristenfamilie, und wir wissen aus seinen Werken, wieviel Familienstolz, tüchtiger Lebenssinn, ästhetische und literarische Bildung ihm besonders von großväterlicher Seite vermittelt wurde. Die Werke Voltaire's waren ein Heiligtum, und Stendhal hätte es ganz in der Ordnung gefunden, wenn man in den aufgeregten Tagen der Revolution seinen Vater, den er als Reaktionär und Heuchler empfand, verhaftet hätte. Aber nichts dergleichen geschah. Nur Stendhal galt wegen seiner naseweisen Äußerung in seiner engsten Familie als mißratenes Geschöpf. Ein besonders anziehendes Zentrum des Weltbürgertums war damals Paris. Diplomaten, Gelehrte und Dichter diskutierten in den französischen Salons die Ideen der Aufklärung. Die Literatur wird zum großen Teil Mittel zum Zweck; sie wird kriegerisch, angreifend und verneinend, sie wendet sich an die Massen und begründet die bisher unbekannte Macht einer maßgebenden öffentlichen Meinung. Die französische Literatur des 18. Jahrhunderts überragt die des 17. Jahrhunderts einmal durch tieferen Gehalt, ferner durch breitere und nachhaltigere Wirkung. Sie ruft die Umwälzung der Geister hervor, so tief und allgemein, daß das 19. Jahrhundert zum großen Teil ihr Ergebnis ist.

Nimmer hätten diese Angriffe einen so raschen Einfluß gewonnen, wären sie nicht durch die herrschenden Übelstände berechtigt gewesen. Die schwere Zerrüttung von Kirche und Staat lastete auf allen Gemütern. Finsterer Aberglaube, dumpfe Unwissenheit beherrschte die niedere Bevölkerung. Von der Kanzel herab wurde die gehässigste Verfolgungssucht gepredigt. Der Erzbischof von Paris, Christophe de Beaumont, verweigerte den Sterbenden die Sakramente, wenn sie sich nicht ausdrücklich zur Bulle Unigenitus[2] bekannten oder bei einem rechtgläubigen Pfarrer beichteten. Noch schlimmer als die Jansenisten wurden die wenigen Protestanten bedrückt und verdächtigt; sie waren vogelfrei. Was war natürlicher, als daß sich gegen diese gewalttätigen Übergriffe der geistlichen Macht die Parlamente, die von jeher dem freieren Jansenismus günstig gewesen, in erbittertem Kampf erhoben? Mehr noch als die Parlamente ereiferte sich eine immer mächtiger emporblühende Bildung gegen das starre und dumpfe Pfaffentum, welche mutvoll und strebsam aus den Anschauungen Bayle's, Newton's und Locke's erwachsen war und die Menschen zu denkender Erkenntnis und freier Forschung, zu gegenseitiger Liebe und Duldung rief. Jäher und tiefer konnte die Kluft nicht gedacht werden. Dort die alte katholische Überlieferung, die für sich beansprucht, die einzige und ausschließliche Wahrheit zu sein; hier eine Denkweise, welche nicht bloß den Katholizismus, sondern das Christentum überhaupt verwarf, als Richtschnur der Wahrheit nur die Selbständigkeit und die innere Folgerichtigkeit des von den sinnlichen Dingen ausgehenden menschlichen Denkens anerkannte. In diesem Kampf erstand und erstarkte die freigeistige Richtung. Die Aufklärungsphilosophie strebte mit allen Kräften, auch ihrerseits Weltreligion zu werden. In der Entwicklung dieser Aufklärungsphilosophie unterscheiden wir drei Epochen. Die erste Epoche ist die des aus England übernommenen Deismus. Ihr vornehmster Träger ist Voltaire. Sie bekämpft die Offenbarung und die Kirche, hält aber an der Persönlichkeit Gottes und an der persönlichen Unsterblichkeit fest. Die zweite Epoche ist die des entschlossenen

---

[2] Papst Clemens XI. verurteilte in dieser 1713 veröffentlichten Bulle den Jansenismus. Cornelius Jansen (1585 – 1638) hatte sich in seinen Schriften für eine Erneuerung der katholischen Kirche eingesetzt und wurde deshalb von den Jesuiten heftig bekämpft.

Materialismus. Das Haupt dieser Richtung ist Diderot und seiner nächsten Anhänger. Das Leben der Natur wird nicht als von einem überweltlichen Erhalter und Schöpfer abstammend, sondern als in ureigener Gesetzmäßigkeit in sich selbst ruhend betrachtet. Theologie und Metaphysik werden Naturwissenschaft. Die dritte Epoche ist die Auflehnung der durch jene materialistischen Lehren unbefriedigten Gemütsinnerlichkeit, der Idealismus des Herzens, welcher seine Rechte gegen die beschränkende Oberherrschaft des Verstandes nicht lassen will, die Rückkehr zu Gott und Unsterblichkeit auf Grund des dem Menschen innewohnenden Gefühlslebens. Diese Epoche wird durch Rousseau bezeichnet. Alle diese drei Richtungen und Epochen sind sich ihrer inneren Gegensätze deutlich bewußt gewesen und haben sich leidenschaftlich bekämpft. Einig waren sie sich nur im Kampf gegen die Kirche, weshalb ihre Beurteiler sie oft unterschiedslos zusammenwerfen. Durch zahlreiche Kanäle dringen diese Ideen in die breiten Kreise des dritten Standes. Daß in Frankreich die Zustände unhaltbar waren, blieb niemandem verborgen. Aber Ludwig XV. war nicht der Mann, eine glückliche Wendung herbeizuführen. Er dämmerte sein Leben lang untätig dahin, kannte nur sein Vergnügen. Als er 1774 starb, trat sein Enkel Ludwig XVI. ein schlimmes Erbe an. Auch er war ein Mensch ohne Energie und den Anforderungen nicht gewachsen. Seine Ehe mit Marie Antoinette war vom französischen Volk niemals gern gesehen worden. Die Heirat war ein Ausdruck jenes Bündnisses, das Frankreich mit Österreich geschlossen hatte und das schon im Siebenjährigen Kriege den Franzosen so wenig Erfolge eingebracht hatte, daß Friedrich der Große bemerken konnte, Frankreich sei nichts als eine österreichische Meierei. Populär war die Allianz in Frankreich nie gewesen, und Marie Antoinette blieb stets die „Autrichienne"[3].

---

[3] Österreicherin

III. Reformversuche

Immerhin beschloss Ludwig XVI., an Reformen zu denken. Denn das Defizit wuchs von Tag zu Tag. Er beruft Turgot als Minister. Turgot versucht eine Reform durch das Königtum gegen die Privilegierten; er will in den Formen des aufgeklärten Absolutismus, durch königliche Gesetze die physiokratischen Ideen verwirklichen. Es wird erstens der Getreidehandel freigegeben. Die nächste Folge ist eine Preissteigerung und eine Erhebung der Pariser Arbeiterschaft, die Turgot niederschlägt. Zweitens wird die Aufhebung der Zünfte verfügt, und zwar gegen den Willen der Parlamente. Drittens wird die Einführung des impôt unique[4] vorbereitet. Viertens fordert Turgot die Einschränkung des Hofes. Es entsteht zwischen Minister und Hof ein Kampf um den König; der Minister wird entlassen. Der äußere Anlaß dazu ist, daß Turgot sich gegen den amerikanischen Feldzug ausgesprochen hat, weil dadurch die Schuldenlast vergrößert werde und weil er als Physiokrat ein Gegner der Macht- und Kolonialpolitik ist. Der tiefere Grund zu seiner Entlassung ist der Plan der Grundsteuer; gewaltiges Steigen der Bodenpreise ist die Folge seines Sturzes.

Auch die Nachfolger Turgots wurden des Problems nicht Herr. Selbst Necker scheiterte zunächst. Adel und Geistlichkeit nahmen die Gelegenheit wahr und forderten die Berufung der Generalstände. Es wurde die Forderung ganz offen aufgestellt, daß das Königtum, das von sich aus zur Beseitigung des Defizits und zur notwendigen Umgestaltung des Staates nicht fähig gewesen war, die Stände wieder berufen solle, deren wesentlichste Rechte in der Steuerbewilligung und in der Mitwirkung bei der Gesetzgebung bestanden hatten. Eine ungeheure Aufregung bemächtigte sich des französischen Volkes. Man fühlte, daß eine neue Periode heraufzog und daß der Absolutismus seiner Auflösung entgegenging. Der König wurde unsicher und besorgte, daß eine neue Fronde entstehen könne. So sehr täuschten er und der Hof sich über die wahre Lage der Dinge. Indessen war der dritte Stand viel zu selbstbewußt geworden, als daß er, wenn der Kampf gegen den Absolutismus begann, einfach in der Gefolgschaft von Adel und Geistlichkeit hätte bleiben können.

---

[4] Wörtlich: alleinige Steuer. Gemeint ist eine Bodensteuer als alleinige Quelle der Staatseinnahmen.

Keiner sah dies so deutlich ein wie Necker, den der König abermals berief. Necker war selbst aus dem dritten Stand aufgestiegen und kannte die Kräfte, die hier ungenützt verborgen lagen und wollte sie in den Dienst des Königtums stellen. Er stellte dem Könige vor, daß ein Bund zwischen König und dem Dritten Stande geschlossen werden müsse. Aber Ludwig XVI. konnte sich nicht entschließen und ließ sich von den Dingen treiben. So traten nach heftigem Wahlkampfe am 5. Mai 1789 in feierlicher Weise die Reichsstände zusammen, ohne daß das Königtum ein klares Programm hatte und wußte, was es wollte und wie es vorgehen solle. Das Königtum ließ sich die Führung aus der Hand nehmen: die Revolution war auf dem Marsche.

IV. Geistige Wegbereiter der französischen Revolution

Die politischen Mißerfolge, das ständig wachsende Defizit allein hätten jedoch nicht genügt, die Revolution herbeizuführen. Ein gewaltiger Anteil an dieser Entwicklung gebührt den Schriftstellern der Aufklärung. Auf dem Denkmal Voltaire's von Houdon lesen wir die Inschrift: „Aux Manes de Voltaire. Poëte, historien, philosophe, il agrandit l'esprit humain et lui apprit, qu'il devait être libre. Il défendit Calas, Sirven, de la Barre et Montbailli, combattit les athées et les fanatiques; il inspira la tolerance, il réclama les droits de l'homme contre la servitude de la féodalité."[5] In diesen kurzen Sätzen ist bereits die ganze Wirksamkeit und Bedeutung Voltaire's ausgedrückt.

Voltaire (1694 – 1778)

Die Vernichtung des Christentums ist ihm gleichbedeutend mit dem Fortschritt der Menschheit. Alles zielt darauf ab, die inneren Widersprüche und geschichtlichen Unrichtigkeiten der Bibel und die verwandtschaftlichen Zusammenhänge der biblischen Überlieferungen mit den heidnischen Sagen und Anschauungen nachzuweisen. So ist es gekommen, daß man Voltaire für gottesleugnerisch und religionsfeindlich gehalten hat. Es ist hier zu beachten, daß Voltaire wohl kirchenfeindlich, jedoch nicht religionsfeindlich ist. Im Sinne der englischen Deisten nimmt er einen Gott an, da weder die Natur ohne einen Schöpfer und Erhalter noch die menschliche Sitte und Bildung ohne einen letzten Richter über Tugend und Laster zu denken sei. „Aber

---

[5] Den Manen Voltaires. Als Dichter, Historiker, Philosoph erweiterte er den menschlichen Geist und verkündete ihm, dass er frei sein solle. Er verteidigte Calas, Sirven, de la Barre und Montbailli, bekämpfte die Atheisten und die Fanatiker; er gab die Toleranz ein, er forderte die Menschenrechte gegen die Knechtschaft des Feudalwesens ein.

wissen zu wollen, wie dieses höchste Wesen beschaffen sei, heißt einem Unsinnigen gleichen, welcher bloß deshalb, weil er weiß, daß ein Haus von einem Baumeister gebaut ist, nun auch den Baumeister selbst persönlich zu kennen glaubt." (*Éléments de philosophie de Newton* (Elemente der Philosophie Newtons), Band 32, S. 417) Nach der deistischen Denkart hat Voltaire den Gottesbeweisen die eingehendste Betrachtung gewidmet, und zwar dem kosmologischen, dem teleologischen und dem moralischen Gottesbeweis. Der kosmologische Beweis wird aus der Tatsache abgeleitet, daß alles, was in der Welt ist und sich bewegt, Sein und Bewegung nicht von sich selbst, sondern von etwas Anderem erhält, daß dieses Andere wieder auf ein Anderes zurückweist usw., bis man zuletzt auf eine erste bewegende Endursache stößt. Dieser Beweis war schon von Plato, Aristoteles und den Scholastikern ausgebildet. Voltaire hat ihn im 2. Kapitel seines *Traité de Métaphysique* (Abhandlung über die Metaphysik) vorgetragen. Im teleologischen Gottesbeweis wird von der Zweckmäßigkeit in der Ordnung und Einrichtung der Welt auf einen weisen Bau- und Werkmeister geschlossen. Im philosophischen Wörterbuch, in dem Aufsatz über den Atheismus schreibt Voltaire: „Sehen wir eine schöne Maschine, so schließen wir auf einen verständigen und geschickten Erbauer. Und im Anblick der bewunderungswürdigen Welt wollen wir uns gegen die Annahme eines schaffenden Meisters sträuben?" In dem Artikel „Dieu" (Gott) des philosophischen Wörterbuches setzt uns Voltaire den moralischen Gottesbeweis auseinander. „Der Angelpunkt, warum der Glaube an Gott eine Notwendigkeit ist, liegt meines Dünkens nicht in metaphysischen Gründen, sondern in der Erwägung, daß für das Gemeinwohl ein belohnender und rächender Gott durchaus unerläßlich ist ... Gott bewahre uns vor einem Priester, welcher seinen König mit geweihtem Dolch ermeuchelt; Gott bewahre uns aber auch vor einem jähzornigen und grausamen Despoten, der, weil er nicht an Gott glaubt, sich selbst sein Gott ist. Wenn der Gedanke an Gott die Titus, die Trajans, die Antonine, die Marc Aurel hervorgebracht hat, so sind diese Beispiele zur Verteidigung meiner Sache vollkommen ausreichend, und meine Sache ist die Sache der ganzen Menschheit." Kurz und treffend spricht Voltaire selbst den Kern seines religiösen Denkens aus, wenn er in den *Profession de Foi des Théistes* (Glaubensbekenntnis der Deisten) sagt: „Wir verdammen den Atheismus, wir verabscheuen den Aberglauben, wir lieben Gott und das Menschengeschlecht – das ist unser Glaubensbekenntnis in wenigen Worten." Als Deist legt Voltaire nicht auf die Glaubenssätze, sondern auf die Moral Gewicht. Einzig die Sittenlehre sei die wahre Religion und Philosophie. Wie in der Religion und Philosophie, so nimmt auch in seinen politischen Ansichten Voltaire eine mittlere Stellung ein. Er verwirft entschieden den unwürdigen Druck brutaler Gewaltherrschaft, aber nicht minder entschieden auch die schwindelnden Neuerungen, welche bis zur Aufhebung des persönlichen Eigentums fortschreiten wollten. Wie er in der Religion auf die Anerkennung und Durchführung der Naturreligion dringt, so dringt er in der Politik auf die Anerkennung und Durchführung des Naturrechts, der unverbrüchlichen Menschenrechte. Wer diese Menschenrechte befördert, gilt ihm als Freund und Gesinnungsgenosse. Wer sie bekämpft oder gefährdet, als Feind und Gegner. Besonders auf seiner Reise nach England hat Voltaire seine politischen Überzeugungen ausgebildet. Er studierte Newton, Locke und Bolingbroke. Mit Montesquieu steht er im wesentlichen auf gleichem Boden. Die englische Verfassung ist ihm unbedingtes Muster und Vorbild, die Verwirklichung wirklicher Freiheit, die einzige Regierung, „wo der König die Macht hat, alles Gute zu tun und wo ihm doch die Hände für das Böse gebunden sind, wo die Herren groß sind ohne Gewalttätigkeiten und ohne Leibeigene, und wo das Volk an der Regierung teilnimmt ohne Verwirrung." Volkswohlfahrt ist nur da, wo Freiheit und Gleichheit sind. Voltaire ist der Urheber und Verkünder des in der französischen Revolution so wichtig gewordenen Wahlspruches „Liberté et Egalité". Dieses Glaubensbekenntnis hat er wiederholt ausgesprochen. Freiheit ist für ihn Herrschaft des Gesetzes, Gleichheit die gleiche Berechtigung aller auf den Schutz desselben, Rechtsgleichheit. Voltaire drang auf Besserung des zerrütteten Staatswesens; aber er erwartete diese Besserung nicht durch eine Revolution, sondern durch etappenweise durchgeführte Reformen. Daher der Jubel Voltaire's, als Turgot, welcher das Volk von den Bedrückungen des Adels und der Generalpächter befreite, an das Ruder kam, und seine Trauer, als Turgot wieder gestürzt wurde. Im Jahre 1764 schrieb er an den Abbé Chauvelin: „Alles, was ich rings um mich geschehen sehe, wirft den Keim zu einer Revolution, die unfehlbar eintritt, von welcher ich aber schwerlich mehr Zeuge sein werde ... Das Licht hat sich immer weiter verbreitet. Bei der ersten Gelegenheit kommt es zum Ausbruch, und dann wird ein höllischer Lärm entstehen." Dieser Brief erregte in den Pariser Kreisen gewaltiges Aufsehen. Es war der Ruf der Kassandra.

Aus derselben Quelle wie Voltaire schöpfte Montesquieu seine Anregungen. England war auch ihm das vorbildliche Land der politischen Freiheit. Aber während Voltaire sein Leben lang vorzugsweise die katholische Kirche bekämpfte, legte Montesquieu den Nachdruck auf die politische

Seite. Bereits im Jahre 1721 trat er mit den *Lettres Persanes* auf, in denen er sich für die Ehescheidung (Brief 117), gegen das Zölibat, insbesondere gegen das Mönchs- und Nonnenwesen als einer widernatürlichen und unwirtschaftlichen Einrichtung (116, 118) ausspricht. Im Brief 89 geißelt er die Bestechlichkeit der Minister: „Die Gunst ist die größte Göttin der Franzosen. Der Minister ist der Hohe Priester, der ihr sehr viele Opfer darbringt."

Baron des Montesquieu
(1689 – 1755)

Er verspottet die Beschäftigung des Parisers, der zur Gesellschaft gehört und seine Zeit mit der Teilnahme an Beerdigungen, Hochzeiten, der Abfassung von Kondolenz- und Glückwunschadressen ausfüllt. „Danach kommen sie ermüdet nach Hause, ruhen sich aus, damit sie am nächsten Morgen ihren mühevollen Beruf wieder aufnehmen können." Bereits die *Lettres Persanes* bekunden eine entschiedene Vorliebe für die Demokratie. Diese Anschauung wird besonders klar im Brief 102 ausgesprochen. Als erstrebenswertes Ziel erscheinen ihm schon damals die Staatsformen der Schweiz und der Niederlande, mehr noch als die Verfassung Englands. Schon im Jahre 1726 legte Montesquieu sein Amt als Präsident des Parlamentes in Bordeaux nieder, um sich ausschließlich seinen politischen und geschichtlichen Studien widmen zu können. 1728 wurde er gegen einigen Widerstand wegen des Aufsehens, das die *Lettres Persanes* erregt hatten, in die französische Akademie gewählt. Im selben Jahr ging er studienhalber nach Wien, Ungarn, Italien, die Schweiz und Holland. Von da begab er sich nach England, wo er sich zwei Jahre lang aufhielt. Hier gelangten seine politischen Ansichten zur Reife. Durch Lord Chesterfield wurde er in das Triebwerk der englischen Verfassung eingeführt. Trotz der Mängel und Mißbräuche, die er nicht verkannte, blieb für ihn England das freieste Land der Welt. Nach der Rückkehr von dieser Reise faßte er die Ergebnisse seiner Forschungen in den „*Considérations sur les Causes de la Grandeur des Romains et de leur*

Décadence" (Betrachtungen über die Gründe der Größe der Römer und ihres Niedergangs) (1734) und im *„Esprit des Lois"* (Geist der Gesetze) (1748) zusammen. Die *„Considérations sur les Causes de la Grandeur des Romains et de leur Décadence"* sind vom Gesichtspunkt der Staatsraison aus gedacht und geschrieben. Montesquieu erblickt die Ursachen zur römischen Größe in der Liebe zur Freiheit, zur Arbeit und zum Vaterland, in der Strenge der militärischen Zucht, in dem Parteiengetriebe, das den Geistern Spannung gab und angesichts des äußeren Feindes verstummte, in der Standhaftigkeit im Unglück. Die Ursachen des Verfalls des Römischen Reiches findet er in der überdimensionierten Vergrößerung des Staates, in zu häufigen Kriegen, im gesteigerten Luxus, in den Proscriptionen Sullas, in der langen Reihenfolge schlechter Kaiser, endlich in der Teilung des Reiches. Montesquieu zeigte in der römischen Geschichte die Bedeutung des Patriotismus und des Bewußtseins eigener Kraft und unveräußerlicher Rechte, und er zeigte im Bilde derselben Nation, wie die Völker durch Despotismus herabgewürdigt werden und schließlich untergehen. Er verfolgt dabei denselben Zweck wie Machiavelli in seinen Reden über Livius. Der *Esprit des Lois* ist die Fortsetzung und Ergänzung der römischen Geschichte. Da die politische Größe in der politischen Freiheit begründet liegt, so entsteht die Frage nach den Grundlagen, Bedingungen und Bürgschaften dieser Freiheit. Montesquieu hebt hervor, daß ein Gesetz nicht nur eine juristische Formel ist, sondern daß jede rechtliche Institution mit bedingt ist durch geologische, geographische, klimatische, ethische und kulturelle Faktoren. Durch die Wechselwirkung zwischen dem Gesetz und dem Volksgeist kann ein Gesetz weder willkürlich geprägt noch willkürlich abgeändert werden, sondern muß sich auf dieser Basis mit innerer Notwendigkeit ergeben. Der Zweck des Staates bleibt die Verwirklichung gesetzlicher Freiheit. Da dieser Zweck am besten erreicht wird durch die Verbindung der Volksvertretung mit dem Königtum, so ist die konstitutionelle Monarchie die beste Staatsform. Am besten scheint ihm die persönliche Freiheit in der englischen Verfassung gesichert zu sein. Die politische Freiheit in einem Bürger ist jene Ruhe des Geistes, die aus der Meinung hervorgeht, welche jeder von seiner Sicherheit hat. Die Regierung muß daher so sein, daß kein Bürger den andern zu fürchten braucht. Wenn aber in derselben Person oder in derselben Körperschaft die gesetzgebende und vollziehende Gewalt vereinigt sind, so besteht keine Freiheit; denn es ist zu befürchten, daß derselbe Fürst oder dieselbe Körperschaft tyrannische Gesetze geben, um sie tyrannisch zu vollziehen. Ebenso gibt es keine Freiheit, wenn die richterliche Gewalt nicht von der gesetzgebenden und vollziehenden getrennt ist. Mit der gesetzgebenden verbunden, wäre die Gewalt über Leben und Freiheit der Bürger gesetzlos, denn der Richter wäre Gesetzgeber; mit der vollziehenden verbunden, hätte der Richter die Macht eines Unterdrückers. Die richterliche Gewalt soll keinem ständigen Gericht übertragen werden, sondern müsse von Menschen ausgeübt werden, die aus dem Volk selbst vorschriftsmäßig dazu gewählt wurden. Ein freies Volk solle in der Gesamtheit die gesetzgebende Gewalt haben. Dies ist praktisch durchführbar, dadurch daß das Volk Vertreter entsendet, die es selbst gewählt hat. Montesquieu billigt jedoch Menschen von Rang, Würde und Reichtum nach dem englischen Muster mehr Anteil an der Gesetzgebung zu als dem gewöhnlichen Bürger. „Die gesetzgebende Gewalt zerfällt in ein Herrenhaus und in ein Haus der Abgeordneten; jedes Haus hat seine besonderen Versammlungen." Die vollziehende Gewalt solle in den Händen eines Monarchen sein, da dieser Teil der Regierung, welcher oft augenblickliches Handeln erfordert, besser durch eine Person als durch mehrere verwaltet wird. Die gesetzgebende Körperschaft besteht aus zwei Teilen, der eine bindet den andern durch sein Veto. Beide sind durch die vollziehende Gewalt gebunden, die aber ihrerseits durch die gesetzgebende gebunden ist. Durch diese Darlegungen hatten Recht und Freiheit ein festes, erreichbares Ziel gefunden. Sogleich bei seinem Erscheinen brachte das Buch eine Umwälzung im Geiste der Nation hervor. Alle bedeutenden Menschen des 18. Jahrhunderts haben dieses Buch eifrig diskutiert. Grimm schrieb 1751 an Montesquieu: „Vous méritez le titre du législateur de l'Europe, et je ne doute pas, qu'on vous l'accorde bientôt unanimement."[6] Obwohl Montesquieu nicht zu Gunsten der französischen Parlamente und ihrer Forderungen gesprochen hatte, war doch sein Einfluß in den langen Kämpfen, welche die Parlamente gegen die Geistlichkeit und gegen die souveraine Gewalt führten, ganz unverkennbar. Allmählich griff eine neue Anschauung vom öffentlichen Recht Platz sowohl in dem Widerstand der Parlamente wie im Verhalten der Regierung. Und erst recht Mirabeaus Mitarbeit bei der Formulierung der Menschenrechte und der ersten Verfassung beweisen uns von neuem, wie stark die französische Revolution von Montesquieu lebte. Als Montesquieu starb, glich sein Leichenbegängnis einer Nationalfeier, und durch alle ging das Gefühl, in Mon-

---

[6] Sie verdienen den Titel eines Gesetzgebers Europas, und ich zweifle nicht, dass man Ihnen diesen bald einmütig verleiht.

tesquieu liege das Ziel und das Losungswort einer glückverheißenden Zukunft.

Nicht weniger beachtenswert als Voltaire und Montesquieu ist Diderot für die geistige Vorbereitung der französischen Revolution. Vor Rousseau und als Voltaire noch in Vorurteilen, Äußerlichkeiten und weltlichem Ehrgeiz befangen war, hatte sich Diderot bereits freimütig als Vernunftmensch erklärt. Was ist das Naturgemäße für ihn? Sie war – wenigstens wurde frühzeitig für ihn – der Atheismus. Gott ist nicht in der Natur. Die Welt ist ein weites Billardfeld, wo unendlich viele Kugeln rollen, sich kreuzen, sich stoßen und ein unentwirrbares Knäuel von notwendigen Bewegungen schaffen, die sich niemals erschöpfen. Und die Moral? Sie leidet darunter nicht.

Denis Diderot (1713 – 1784)

Eine ausgezeichnete Erziehung befähigt den Menschen, Gutes zu tun. Derartige Gedanken finden wir zuerst in den „*Lettres sur les aveugles*" (Briefe über die Blinden) geäußert. Sie trugen ihm die Feindschaft der Kirche ein, und er mußte dafür drei Monate im Gefängnis sitzen. Als dann 1751 Diderot sich an die Bearbeitung der Encyclopädie machte, war von vorn herein eine Opposition von kirchlicher Seite da, die in diesem Werk gefährliche atheistische Tendenzen witterte. Man verfolgte ihn mit Schmähschriften, versuchte seine Manuskripte zu stehlen. Sein Werk wurde geächtet und seine Person bedroht durch verschiedene Edikte des Königs und mehrere Haftbefehle des obersten Gerichtshofes. Er hatte als erklärte Feinde den Hof, die Militärs, die Priester, die Polizei, den Magistrat, die nicht am Werk beteiligten Schriftsteller.

Im übrigen erregte die Encyclopädie als ein gigantisches Gemeinwerk der ganzen französischen Intelligenz und als Ausdruck der gegen den politischen wie gegen den pfäffischen Despotismus, gegen die Intoleranz und den Aberglauben gerichteten Aufklärung ein europäisches Interesse, welches durch die Angriffe der jesuitischen und jansenistischen Partei noch gesteigert wurde. Diderot selbst übernahm außer der allgemeinen Organisation des Wörterbuches, außer tausend zufälligen supplementarischen Artikeln, speziell die Geschichte der Philosophie und die Technologie. Allerdings mußten alle Artikel zensurgerecht erscheinen. Gleich im ersten Bande gab er in dem Artikel „académies" eine Charakteristik der Intelligenz seiner Zeit. Er entwarf ein Ideal der Akademien, wie sie sein sollten. Zuerst müßte die positive Unwissenheit bekämpft werden, dann das falsche Wissen. Schließlich müßten sich die Akademien gegen das Halbwissen richten. Besonders in der Politik wimmele es von Menschen, die nur Halbwissende seien. Die Journale und die Wörterbücher seien ein Verderb. Schon vor Diderot waren Wörterbücher versucht worden. Aber Diderot unterscheidet sich von diesen Verfassern durch das ausdrückliche, wissenschaftliche Bewußtsein über die Eigentümlichkeit der Aufgabe und über die Methode ihrer korrekten Lösung. Er ist daher der weltgeschichtliche Mensch dieser Tendenz. Was aber die französische Encyklopädie speziell zu weltgeschichtlicher Bedeutung erhebt, das ist ihre rationelle Tendenz, und diese Tendenz hatte in Diderot ihr selbstbewußtes Organ. Die Encyclopädisten gerieten durch dieses Prinzip als Vertreter der modernen Bildung mit der Geistlichkeit in Opposition, sofern diese die Autorität des Glaubens der Kritik des Gedankens entziehen wollte. Die Jesuiten versuchten, im „*Dictionnaire de Trévoux*"[7] ein positives Gegengewicht zu geben. 1758 sah d'Alembert voraus, daß man den 8. Band schwer würde durchbringen können, weil er die Artikel „hérésie", „hiérarchie", „indulgence", „infallibilité", „immortalité", „immateriel", „hébreux", „Jésus-Christ", „Jésuites", „inquisition", „Janséniste", „intolérance"[8] werde enthalten müssen. Es erfolgte denn auch 1759 ein arrêt du conseil d'état[9], der den Verkauf der erschienenen und noch erscheinenden Bände verbot. D'Alembert, betäubt und erschreckt von dem Sturm, der sich aus kirchlichen und Regierungskreisen gegen die Encyclopädie erhob, zog sich zurück. Rousseau brach mit Diderot. Nur Diderot hielt aus. Die schwersten und gefährlichsten Artikel „Jésus-Christ", „Jésuites", „immaterialisme", „providence"[10] etc. mußte er selbst verfassen. Er war in seiner Ausdrucksweise sehr vorsichtig; aber er schrieb nie etwas gegen Ver-

---

[7] Ein von den Jesuiten in der Stadt Trévoux herausgegebenes Nachschlagewerk des 18. Jahrhunderts.
[8] Häresie, Hierarchie, Ablass, Unfehlbarkeit, Unsterblichkeit, immateriell, hebräisch, Jesus Christus, Jesuiten, Inquisition, Jansenist, Intoleranz
[9] Urteil des Staatsrats
[10] Vorsehung

nunft und Freiheit. Despotisme et superstition[11] waren die Feinde, die er stets im Auge behielt.

Man muß den Rationalismus und Liberalismus in der Tendenz der Encyclopädie sehr wohl von dem Materialismus unterscheiden, zu welchem sich Diderot als Philosoph bekannte. Der offizielle Standpunkt der Encyclopädie war der theistische. In dem Sinne verfaßte Diderot auch seine philosophischen und theologischen Artikel. Der Theismus war, dem Glauben der katholischen Kirche gegenüber, schon eine Ketzerei, ließ aber noch die Möglichkeit der Offenbarung offen. Der Materialismus dagegen war die Negation aller Religion, weil er alle Erscheinung auf physische Bewegung zurückführte. Der Materialismus erhebt sich gegen die Religion und ihre unseligen Konsequenzen, den Wunderglauben, den Haß Andersgläubiger, die Priestertyrannei, die Unnatur des Mönchtums. Er war das notwendige Resultat der Naturwissenschaften; er war die Umkehrung der mittelalterlichen Weltanschauung, die die Natur verachtet hatte. Wenn man die Materie als ursprünglich durch sich in alle Ewigkeit bestehend annimmt, so hat man ein einheitliches Prinzip, dessen Entwicklung man in der Wirklichkeit nachweisen kann. Es existiert dann nur die sinnliche Welt, und alle Fragen hören auf, mit denen die Theologie sich beschäftigt: was aus abgetriebenen oder totgeborenen Kindern werde, wie sich die Freiheit des Menschen mit dem Vorherwissen Gottes verhalte, wie es einem Gott der Liebe möglich sei, soviel Böses zuzulassen, wie man sich ein Leben in Körperlosigkeit nach dem Tode vorstellen solle. Wenn ein Gott existiert, gelten diese Fragen, sonst fallen sie weg. So können wir gerade den Materialismus von Diderot als Waffe ansehen, derer er sich bediente, um allen vernünftigen Wunderglauben zu zertrümmern und die Menschen auf eigene Füße zu stellen. Er wurde durch die Negation des Jenseits der stärkste Beförderer der politischen Freiheit.

Auch die Artikel über Politik, wie „législateur", „souveraineté", „roi", „autorité", représentant", „transfuge"[12] stammen von Diderot. Im allgemeinen fordert er für den Staat das Repräsentativsystem als notwendig zum Wohle eines Staates, weil auch der beste, wohlgesinnteste, geistvollste Fürst unvermögend sei, durch sich allein eine richtige Vorstellung von dem wirklichen Zustand und den Bedürfnissen des Ganzen zu erhalten. Diderot bleibt bei der ständischen Monarchie stehen. Der Stand der Geistlichen, der Mili-

---

[11] Despotismus und Aberglaube
[12] Gesetzgeber, Souveränität, König, Autorität, Repräsentant, Überläufer

tärs, der Grundbesitzer, der Kaufleute muß bei der Gesetzgebung durch von ihnen gewählte Abgeordnete vertreten werden. Autorität im Staate hat nur dasjenige, was auf dem Recht beruht und Recht nur, was durch den politischen Vertrag erlaubt ist. Eine Gewalt ohne solche Berechtigung wird zur Tyrannei. Der Fürst besitzt die Autorität von seinen Untertanen, und diese Autorität ist durch die Gesetze der Natur und des Staates beschränkt. Der Fürst darf seine Autorität nicht mißbrauchen, den Vertrag zu brechen, durch welchen er Fürst ist. Er ist nicht Fürst durch die Natur, sondern durch die Geschichte. Die Revolution verwirft Diderot. Wenn ein Fürst Unrecht übt, so muß die Nation Resignation üben; denn die Revolution ist illegitim, und man hat mit ihr niemals weder einen Fürsten gebessert noch Steuern abgeschafft und nur zu dem Unglück, über welches man sich beklagte, einen neuen Grund von Elend hinzugefügt.

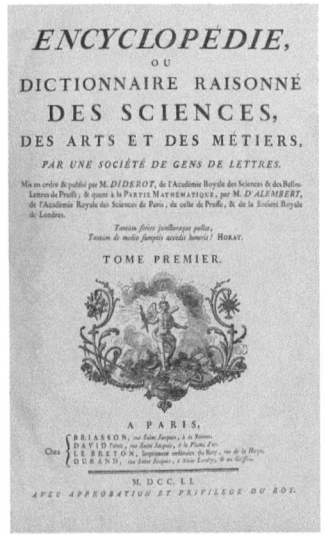

Titelblatt der „Enzyklopädie"

Noch heute revolutionär erscheint Diderot in der Auffassung des Weibes. Seine eigene Ehe war unglücklich, und er wurde seiner Frau wiederholt untreu. Er erklärte die Ehe für ein sich selbst widersprechendes Institut und sah darin immer nur zwei verheiratete Personen. Die Befriedigung des Geschlechtstriebes war für ihn eine sittlich gleichgültige Handlung und stand auf einer Stufe mit Schlafen, Essen und Trinken. Diderot leugnet die Notwendigkeit einer Ehe. In der Geschichte sind die Menschen immer drei Gesetzbüchern unterworfen: dem Gesetzbuch der Natur, dem der bürgerlichen Gesellschaft und dem der Religion. Wechselweise sind die Menschen gezwungen, gegen diese drei Gesetzbücher, die nie miteinander übereingestimmt haben, zu verstoßen. Besonders beachtenswert ist, wie er sich für die Gleichberechtigung der Frau mit dem Manne eingesetzt hat. Er hat gegen Helvetius das Recht und die Ehre der Frau gegen die Ausbeutung ihrer Schönheit durch die Brutalität des Mannes mit Nachdruck verteidigt. Er hat die Schwäche der Frau als Grund zur Berechtigung aller der Forderungen aufgestellt, welche sie an die Gesellschaft zu stellen hätte. Er gelangte zur Anerkennung der Selbständigkeit der Frau.

Jean-Jacques Rousseau ist in dieser Stimmung des 18. Jahrhunderts ein bedeutender Umschwung. Er ist gleichzeitig der Erbe der französischen Aufklärung und ihr Gegner. Er teilt den Haß gegen den bestehenden Staat und gegen die bestehende Kirche; aber sein Haß hat ein anderes Ziel. Inmitten dieser bildungseifrigen Zeit tritt unversehens ein Mann auf, welcher Bildung, Wissenschaft und Literatur als nichtig und verderblich brandmarkt und dafür die Einfalt der Natur und die schlichte Größe bürgerlicher Tugenden predigt. Kaum hatte Montesquieu die Freiheit des englischen Staatslebens für Frankreich als erstrebenswertes Muster vorgeführt, als Rousseau die Forderung ausspricht, daß das Volk unmittelbar selbst Souverain sein müsse. Aber mit demselben Eifer kämpfte er gegen den Atheismus und Materialismus und pries den Gottglauben des einfältigen Herzens. Derartige Ansichten konnten nur von einem Menschen verfochten werden, der durch keinerlei Ahnenreihe belastet war. Er kam aus dem Volk und setzte alles in Beziehung zum Volk. Lange hatte er nach Bildung geschmachtet. Aber als er mitten in der Strömung steht, um sich von dieser Bildung tragen zu lassen, erquickt und kräftigt sie ihn nicht. Sie erscheint ihm nichts weiter als die nutzlose und gefährliche Spielerei müßiger Menschen. Lange hatte er

sich nach Freiheit und Unabhängigkeit gesehnt; er hatte den Bedientenrock getragen und sich demütig bücken müssen. Aber war die Freiheit denkbar in einer Gesellschaft, die nur den Reichen und Mächtigen Vorteil bringt? So will er das Alte und Schädliche zertrümmern.

Jean-Jacques Rousseau (1712 - 1778)

Er will die Menschen zu Glück und Freiheit erziehen. Wo ist eine menschenwürdige Bildung, wo ein menschenwürdiger Staat, der diese Bildung möglich macht und verwirklicht? Alle Schriften Rousseaus stehen mit gleicher Härte, aber auch mit gleicher Frische und Zähigkeit im Dienste dieser Aufgabe. Seine vier Hauptschriften: 1)

Discours sur les Sciences et les Arts, (Rede über die Wissenschaften und die Künste) 2) *Discours sur l'Origine et les Fondements de l'Inégalité parmi les Hommes*, (Rede über den Ursprung und die Grundlagen der Ungleichheit unter den Menschen) 3) *Émile*, 4) *Contrat social* (Gesellschaftsvertrag) steigern sich mit unverkennbarer Notwendigkeit. Die ersten beiden sind die kritische Verneinung des Bestehenden, die offene Kriegserklärung gegen die herrschende Bildung und Gesellschaft; die beiden letzten dagegen sind der systematische Neubau, der Versuch zur wirksamen Besserung und Umgestaltung. Der „*Émile*" ist die Antwort auf die Abhandlung über die Künste und Wissenschaften, der Gesellschaftsvertrag die Antwort auf die Abhandlung über Ungleichheit der Stände. Die Abhandlung über die Künste und Wissenschaften wollte beweisen, daß die bestehende Bildung von Übel sei; der *Émile* will die Menschen für die rechte Bildung erziehen. Die Abhandlung über die Ungleichheit der Stände wollte beweisen, daß der bestehende Staat dem Wesen des Menschen widerspreche; der Gesellschaftsvertrag sucht den rechten Staat, welcher die unveräußerlichen Forderungen und Rechte der Menschennatur wiederherstellt und zur Geltung bringt. Gegen das Veraltete und Erstarrte erhebt sich die Frische eines unverkümmerten Menschen, gegen die einseitige Verstandesbildung die Sprache des fühlenden Herzens. Mit solch schwärmerischem und prophetischem Auftreten war Rousseau wohl geeignet, die stockende Geschichte wieder in Fluß zu bringen. Rousseau sprach aus, was als unbestimmtes Sehnen durch die damalige Menschheit zog. Wir werden später an Mirabeau den Einfluß Rousseaus von der privaten Lebenshaltung angefangen bis in seine staatsmännische Tätigkeit verfolgen können.

Julie des Lespinasse (1732 - 1776)

Aber auch eine Betrachtung der Pariser Salons ist zum Verständnis dieser Studie unerläßlich. Sie waren einer der gewichtigsten Hebel des damaligen Bildungs- und Literaturlebens. Kann man die Schriftsteller des 18. Jahrhunderts mit parlamentarischen Parteiführern vergleichen, so sind die Salons die Parteiversammlungen. Alles wird angeregt und vorbereitet, durchdacht und durchgesprochen, nur kecker und sprunghafter als vor der Öffentlichkeit. An der Spitze dieser Salons stehen meist Frauen, welche, wie Voltaire scherzend sagte, einen oder zwei Schriftsteller als Minister zur Seite haben. Doch wissen auch einzelne Schriftsteller selbst, wie Holbach und Helvetius, durch glänzende Vermögensverhältnisse begünstigt, trefflich den Wirt zu machen. Alles war auf den feinsten geistigen Verkehr und die besten Gespräche gestimmt. „Kein Tag war unbesetzt, keine Stunde. Wenn man Literat und ein wenig Philosoph war, hatte man regelmäßig seine Woche folgendermaßen einzuteilen: Sonntag und Donnerstag Diner beim Baron von Holbach; Montag und Mittwoch Diner bei Madame Geoffrin; Dienstag Diner bei Helvetius; Freitag Diner bei Madame Necker; nicht zu sprechen von den Sonntagsfrühstücken beim Abbé Morellet ... Fräulein von Lespinasse, deren Mittel ihr nicht erlaubten, Diners oder Soupers zu geben, war stets zwischen fünf und neun Uhr Abends zu treffen, und ihr Kreis fand sich jeden Tag in den frühen Abendstunden zusammen." (Sainte-Beuve, *Die Briefe des Fräulein von Lespinasse*). Bei Madame Geoffrin verkehrten d'Alembert, Raynal, Helvetius, Galiani, Marmontel, Diderot. Bei Fräulein von Lespinasse traf man d'Alembert, Turgot, den Chevalier von Chatellux, den Kardinal Brienne, den Erzbischof von Aix, Boisgelin, den Abbé von Boismont. Niemand besaß mehr geselliges Talent als sie. Ihr war in höchstem Grade die schwere und köstliche Kunst angeboren, den Geist anderer geltend zu machen, ihn anzuregen, ihm Spielraum zu geben. Daneben bestanden die Salons der Gräfin d'Houdetot, der Madame d'Epinay, der Mlle. Quinault, der Madame de Genlis. Man sprach mit unbefangenster Freiheit von allen Fragen der Religion, Philosophie und Politik. Zuweilen ergriff ein Einzelner das Wort und trug eine zusammenhängende Lehre vor, ohne unterbrochen zu werden. Zuweilen fand zwischen den Meinungsverschiedenheiten ein förmlicher Zweikampf statt, welchem die Anderen mit Spannung folgten. Auch Rousseau verschmähte den Besuch der geistreichen Salons nicht. Besonders Madame de Genlis, welche die Harfe spielte, hatte es ihm angetan. Mit kastanienfarbenen Strümpfen und kleiner runder Perücke erschien er, war beglückt und stellte sich fünf Monate lang täglich ein. Später war er durch ein Geschenk von 25 Flaschen Schillerwein in seinem Minderwertigkeitskomplex aufgestört und brach mit ein paar heftigen Zeilen den Verkehr ab. Voltaire, Diderot brachten sich durch die Salons zur Geltung. Sie haben im wesentlichen dazu beigetragen, die neue Denkart nach allen Seiten zu verbreiten. Durch die Salons wurde die öffentliche Meinung vom Hofe, Paris von Versailles unabhängig. Es galt als ein Zeichen der Vornehmheit, ungläubig und politisch freisinnig zu sein. Der Adel deklamierte gegen den Despotismus, der Abbé gegen den Fanatismus. Aber die Lust und Bequemlichkeit des Gespräches verführten dazu, mit mutwilligem Behagen über das Gründliche und Sachliche hinwegzuschreiten. Die Sprechenden suchen einander an schlagenden Einfällen zu überbieten. Die wichtigsten Fragen werden auf ein Bonmot zugespitzt. Aus der Philosophie wird Sophistik. Nur wenige Auserlesene wissen aus der geistreichen Salonwelt ein ernstes Streben zu retten. Doch geistvoller ist selten das gesellschaftliche Leben ausgebildet gewesen. Es wirft ein lebendiges Schlaglicht auf den Ton dieser Gesellschaft, wenn Grimm in seiner *„Literarischen Korrespondenz"* das Jahr 1770 mit einer Neujahrsrede eröffnet, welche durch ihre lästernde Nachahmung kirchlicher Redewendungen nicht minder als durch ihren scherzhaften Inhalt bezeichnend ist. Sie lautet: „Sintemalen aber es in unserer philosophischen Kirche Sitte ist, daß wir zuweilen uns versammeln, um das Wort des Lebens zu hören und den Gläubigen heilsame und nützliche Unterweisungen zu geben, sowohl über den gegenwärtigen Zustand des Glaubens als über die Fortschritte und die guten Werke unserer Brüder, so habe ich die Ehre, die nach geschehener Predigt stattgefundenen Ankündigungen und Bekanntmachungen mitzuteilen. Schwester Necker tut kund und zu wissen, daß sie fortdauernd am Freitag ihren Mittagstisch deckt. Die Kirche wird sich dahin verfügen, weil sie hohen Wert auf deren Person und die ihres Gatten legt: aber wie gern möchte sie das nämliche vom Koch rühmen. Schwester l'Epinasse tut zu wissen, daß ihre Vermögensumstände ihr nicht gestatten, Mittag- und Abendessen anzubieten, daß sie aber nichtsdestoweniger Lust habe, in ihrer Wohnung die Brüder aufzunehmen, welche dort ihre Verdauung abzuwarten gesonnen sein möchten. Die Kirche gebietet mir, derselben anzukündigen, daß die Brüder sich einstellen werden, und daß, wenn man mit soviel Geist und Verdienst ausgestattet ist, man Schönheit und Vermögen entbehren könne …" Nicht zu unterschätzen ist der Umstand, daß in diesen Salons Menschen verschiedenen Standes zusammentrafen, also Adlige und Bürgerliche, obwohl man doch sonst im 18. Jahrhundert noch stark an der Trennung der Gesellschaftsklassen festhielt.

V. Die amerikanische Unabhängigkeitserklärung

Während in den Salons die neuesten Werke der besten Köpfe Frankreichs diskutiert wurden, entstand der Streit zwischen England und den amerikanischen Kolonien über die Frage der Besteuerung Amerikas durch England, die Aufstellung einer ständigen Armee in den Kolonien zur Befestigung der englischen Macht. Dieser Machtkampf, der mit Petitionen der amerikanischen Kolonien begann und mit Blutvergießen endigte, führte schließlich zur Unabhängigkeitserklärung der Vereinigten Staaten von Amerika am 4. Juli 1776. Uns ist bekannt, daß in den Krieg, der sich daraufhin zwischen England und den Vereinigten Staaten von Amerika entspann, Frankreich im Jahre 1778 zu Gunsten der Vereinigten Staaten eingriff, daß endlich im Frieden von Versailles am 3. September 1783 die Unabhängigkeit der Vereinigten Staaten von Amerika anerkannt wurde. Frankreich erhält dadurch die afrikanischen Besitzungen, Tobago in Westindien, Fischereirechte in Neufundland; Spanien erhält Minorka und Florida zurück. Wichtig für unsere Arbeit sind der Ton und der Inhalt der Unabhängigkeitserklärung der Vereinigten Staaten von Amerika. Der Entwurf stammt von Thomas Jefferson, korrigiert wurde er von Benjamin Franklin und John Adams. Bei der Lektüre dieses Entwurfes überrascht uns die seltsame Mischung von Realismus und Puritanismus der Verfasser. Die gesamte Erklärung ist ein einziger Keulenschlag gegen die fortgesetzten Übertretungen des englischen Königs. Gleichzeitig aber hält der Verfasser es für notwendig, die göttliche Vorsehung anzurufen, damit sie ihm helfe, in dieser schwierigen Situation die rechte Entscheidung zu treffen. Derart kühne Worte gegen die Anmaßungen eines absolut regierenden Königs riefen in Frankreich sofort die Sympathie der gesamten gebildeten aufgeklärten Welt wach. Die französische Regierung glaubte aus rein machtpolitischen Erwägungen gegen England in diesen Streit eingreifen zu können. Allerdings wurde auch ein Erfolg für Frankreich gezeitigt. Viel stärker und tiefgreifender aber erwies sich die Wirkung der Unabhängigkeitserklärung auf die literarischen und politischen Zirkel in Paris, die deren Inhalt sinngemäß auf Frankreich in ihren Debatten anwandten und so eine republikanische Gesinnung vorbereiteten, die schließlich die französische Revolution und ihre Folgen auslöste. Es ist bekannt, daß Lafayette die Unabhängigkeitserklärung eingerahmt in seinem Zimmer aufbewahrt hielt und sich geschworen hatte, nicht zu ruhen, bis auch in Frankreich republikanischer Geist und die republikanische Staatsform sich durchgesetzt hätte. Mirabeau kannte nicht nur die Unabhängigkeitserklärung, sondern wie wir aus den Anmerkungen zu seiner Schrift „*Considération sur l'Ordre de Cincinnatus*" (Betrachtung über die Ordnung von Cincinnatus) wissen, die Verfassungen der einzelnen amerikanischen Bundesstaaten und entwarf nach diesen Mustern die Statuten für die Niederländer. Die amerikanischen Vertreter wiederum, die sich am 25. Mai 1787 zu Philadelphia in demselben Saale trafen, in welchem die Unabhängigkeitserklärung verkündet worden war, hatten vorher alle verwendbaren Verfassungen der alten und neuen Zeit durchstudiert. In den Debatten wurde auf die Einrichtungen Griechenlands, Roms, Frankreichs, der deutschen Staaten, Hollands und der Schweiz Bezug genommen. Weltruf hatten Washington und Franklin. James Madison, der Vater der amerikanischen Verfassung, brachte bereits den „*Virginia Entwurf*" (Virginia Resolution) mit. Nach diesem Verfassungsentwurf sollte der Staatsbau weder die Schwächen der Konföderation aufweisen, noch die Geltung der Einzelstaaten aufheben. Der *Virginia Entwurf* legte dar: der Bürger der Vereinigten Staaten soll Bürger seines Staates bleiben, gleichzeitig aber innerhalb eines gesetzlich abgesteckten Bereichs von der Bundesregierung in Anspruch genommen werden. Er soll also eine doppelte Untertanenpflicht übernehmen. Damit war der Brückenschlag zwischen Staatensouverainität und Unionsgedanken vollzogen. Außerdem wurde zu der Frage Stellung genommen, wie das Gewicht der einzelnen Staaten im Bunde abzumessen sei. Der Senat sollte als Staatenhaus dienen, und die Staaten hatten hier die gleiche Stimmenzahl ohne Rücksicht auf ihre Größe, das Repräsentantenhaus diente als Volkshaus, und die Abstimmung wurde nach der Bevölkerungszahl vorgenommen. Am 17. Dezember 1787 schloß der Konvent nach harten Kämpfen um die einzelnen Punkte seine Sitzungen. Washington kennzeichnete die Situation mit den Worten: „Sollten die Staaten die ausgezeichnete Verfassung zurückweisen, dann wird sich wahrscheinlich keine Möglichkeit mehr bieten, eine zweite in Frieden zustande zu bringen, die nächste würde im Blut entworfen werden." Ein besonderes Merkmal des amerikanischen Konstitutionalismus ist die Bürgschaft der persönlichen Freiheit durch verfassungsmäßige Beschränkungen: der Bürger ist als Mensch Träger unveräußerlicher Rechte, die ihm weder Staat noch Volk entziehen können und die in der Verfassung niedergelegt sind. Der Grundsatz unabhängiger Rechtspflege ist eine andere Eigenart amerikanischer Rechtsauffassung. Der oberste Gerichtshof ist nicht nur ein Gericht, sondern ein ständiger verfassungsgebender Konvent, der durch Interpretation die Verfassung den Verhältnissen anpaßt. Die Verfassungsbildner, in allen diesen Punkten wegweisend, haben aber auch dem Zeitgeist ihren Tribut entrichtet; sie haben in den Staatsbau ein politisches System eingefügt, das als Axiom galt: es ist das von Montesquieu stammende System der Teilung der Gewalten. Die Verfassung berücksichtigte seine Lehre, daß jede Konzentration der Macht für die Freiheit verhängnisvoll werden könnte, dadurch daß sie die Kompetenzen der Unionsregierung auf drei Gewalten verteilte: Präsident, Kongreß, oberstes Bundesgericht. Die Kraft der Selbstbestimmung eines Volkes lebt in der amerikanischen Verfassung. Feierlich heißt es im Eingang der Verfassungsurkunde: „Wir, das Volk der Vereinigten Staaten ... verordnen und errichten diese Verfassung für die Vereinigten Staaten von Amerika." Wenn auch die Männer des Konvents sich für befugt hielten, den Kreis derer, welche im Namen des Volkes sprechen sollten, zunächst zu beschränken, so erweiterte sich der Kreis nach und nach, bis er das Volksganze umfaßte. Der Geist der Selbstbestimmung eines Volkes ist die Seele moderner demokratischer Staatsbildung, und so eröffnet die amerikanische Staatsgründung die geschichtliche Epoche, in der die Bürger Herren ihres Schicksals werden.

VI. Mirabeaus Familie

In solch eine Zeit politischer Gärung sah sich Mirabeau hineingestellt. Die Mirabeaus sind nun so sehr Klasse für sich, daß es notwendig ist, sie alle zu erwähnen, wenn man von dem bedeutendsten Vertreter dieses Geschlechts sprechen will. Angeblich waren sie im Jahre 1267 als ghibellinische Familie Arrighetto aus Florenz vertrieben worden und haben sich dann in der Provence niedergelassen. Dafür fehlen jedoch jegliche Beweise. Aber in ihrer Prahlsucht gefielen sie sich darin, sich gleich Dante als politisch Verfolgte hinzustellen. Wahrscheinlich ist nur eine starke Beimischung italienischen Blutes. Die hervorstechende Seite dieses italienischen Wesens ist der Hang zur Maßlosigkeit in Haß und Liebe, zum Abenteuer, der Drang in die Ferne, räumlich wie geistig, die Sucht sich und das Gut anderer zu verschwenden. Die ersten nachweisbaren Mirabeaus sind Kaufleute bürgerlichen Standes in provenzalischen Landstädtchen. Erst des Revolutionshelden Großvater, der Marquis Jean-Antoine, ist eine Figur von historischem Gewicht. Er hat schon die Genialität des Temperaments und ist nicht nur als Krieger unbändig. Auch seine Zunge war gefürchtet. Trotz hoher Verdienste hat er es denn nie weiter als bis zum Obersten gebracht. Dabei hatte er mit der Zeit so viele Verletzungen erlitten, daß er den Kopf nicht mehr aufrecht tragen konnte und sich eines silbernen Halsgestells bedienen mußte. Als Col d'argent[13] hat er noch um eine um zwanzig Jahre jüngere Dame angehalten und hinterließ aus dieser Ehe sieben Kinder. Im ganzen herrschte um ihn eine Atmosphäre von Zittern und Schrecken. Der älteste Sohn schreibt: „Ich habe nie die Ehre gehabt, das Fleisch dieses Mannes berühren zu dürfen." Den Bauern gegenüber war Col d'argent nicht nur ein harter Feudalherr: gelegentlich nahm er sie gegen die Willkür der königlichen Beamten in Schutz. Das war der Großvater.

Mit dem Vater, dem Marquis Victor, beginnt bereits die Lebens- und Leidensgeschichte des Sohnes, Gabriel, der den Vater um kaum zwei Jahre überlebt hat. Mit Victor beginnt die Familienzerrüttung, unter der die Kinder heranwachsen, als Erwachsene leben, in der sie Partei nehmen. Damit im Zusammenhange setzt der finanzielle Verfall ein, für den Sohn nicht weniger formendes Schicksal als der elterliche Zwist.

---

[13] Silberhals, auch mit der Bedeutung: Geldsack

 Mit Mirabeaus Vater, dem Marquis Victor, nimmt die bisher nur als Haudegen berühmte Familie die Wendung in literarisch-wissenschaftlich-politische Sphären.

*Mirabeaus Vater,
Marquis Victor de Mirabeau*

Hier werden Gedanken vorgebildet, die dem Sohn später als Fundament dienen werden. Victor, Marquis von Mirabeau, war vom Teufel der Graphomanie besessen. „Hätte ich eine Hand von Bronze gehabt, sie wäre schon längst abgenutzt." Fünfzig Manuskriptbände hat er zurückgelassen neben der riesigen Korrespondenz. Doch alles zusammen genommen ist nur eine verworrene Fülle ungeformter Gedanken. Das Erscheinen von Montesquieu's Werk „*De l'Esprit des Lois*" ist Victors Erlebnis und sein 1756 erscheinender „*L'Ami des Hommes*" (Der Menschenfreund) seine Tat. Sie macht ihn zur Berühmtheit und bringt ihn in die Schule der Physiokraten, die Grund und Boden als Quelle allen Reichtums ansehen, Ackerbau und Landmann nach Rousseau'scher Art lobpreisen und den sozialen Anschauungen des Genfers und seiner philantropisch-sentimentalen Gemütsrichtung das solide nationalökonomische Fundament bauen. Er preist den französischen Landedelmann alten Schlages, der stolz, brav und arm sein Gut nicht in Versailles verpraßte, sondern der Patriarch seiner Bauern war. Er ist strenger Monarchist, im Sinne eines volksfreundlichen Königtums. Darin ist er der Vater seines Sohnes. Schon vorher war er für den radikalen Bruch mit dem System einer alles in Paris zentralisierenden Verwaltung eingetreten und hatte Provinzialstände in ganz Frankreich gefordert nach dem Muster der Provinz Languedoc, wo der dritte Stand doppelt so viele Vertreter hatte wie der Adel und die Geistlichkeit, und nach Köpfen, nicht nach Ständen abgestimmt wurde. Verdoppelung des dritten Standes, Abstimmung nach Köpfen: darum handelt es sich noch ein halbes Jahrhundert später bei den ersten heißen Kämpfen der revolutionären Konstituante, und abermals erkennen wir den Sohn schon im Vater.

Später hat er noch gegen die Art der französischen Steuererhebung geschrieben, die durch Verpachtung an großkapitalistische Unternehmergesellschaften geschah. Diese zahlten der Regierung die Steuerbeträge voraus, um sie dann durch ihre 30000 Beamten einzutreiben. Man kann sich die Methoden denken. Der Angriff war so heftig, daß der Marquis mit mehrwöchiger Verbannung aus Paris und mit acht Tagen Gefängnishaft in Vincennes büßen mußte. Dort war er der Quartiermacher seines Sohnes.

Dieser den Menschheitsidealen zugewandte Mann, „der Menschheitsfreund", wie er sich nannte, war in seinem Familienleben nur glücklich, wenn er alle Glieder seiner Familie in Gefängnissen wußte, „unter der Hand des Königs", wie der Fachausdruck lautet. Von seiner geistig dürftigen, ansonsten leidenschaftlichen Frau trennt er sich, nachdem sie ihm elf Kinder geboren hatte. Er nannte sie einen Ausbund von Liederlichkeit und Haltungslosigkeit. Er verbannte sie durch eine lettre de cachet[14] ins Kloster. Eine ältere Tochter war aus dem Kloster seit dem Alter von fünf Jahren nicht herausgekommen. Seine jüngere Tochter, die Marquise von Cabris, ließ er ebenfalls festnehmen und in ein Kloster setzen. Dabei ist der Marquis Victor der Verfasser einer Schrift über *„Die Erziehung der Mädchen"*. Seinen jüngeren Sohn Boniface schob er nach Amerika ab, damit er auf Seiten der Insurgenten gegen die Engländer fechte. Sein Sohn Gabriel, dem diese Abhandlung gewidmet ist, war gefangen erstens in der Zitadelle der Insel Rhé, zweitens im Château d'If bei Marseille, drittens im Château de Jour bei Pontarlier, viertens in Dijon, fünftens im Donjon de Vincennes, hier länger als drei Jahre, und sechstens im Gefängnis in Pontarlier. Dazu kamen die Verbannungen an bestimmte Orte. Im ganzen sind 17 lettres de cachet gegen ihn ausgebracht worden. Nur eine einzige Tochter, die Marquise du Saillant, durfte beim Vater bleiben; aber sie hatte genug mit ihren Entbindungen zu tun: sie hat etwa zwanzig Kinder zur Welt gebracht.

In dem von Frau und Kindern geräumten Hause lebte die junge und gescheite Madame de Pailly und war ihm, der die patriarchalische Sittenreinheit des Landmannes den andern Ständen als beneidetes Vorbild aufgestellt hatte, mehr als Freundin. Die ausgewiesene Frau intriguiert gegen die glücklichere Nebenbuhlerin, namentlich als ein Erbe ihr Aussicht auf den Besitz von Geldmitteln gibt, die sie dem verhaßten Gemahl durch die formelle Scheidung entziehen will. Gabriel ist anfänglich auf Seiten der Mutter, später der des Vaters, dann wieder der Mutter, um wiederum zur väterlichen Partei zurückzukehren. Die Marquise von Cabris, wegen ihrer Mitgift mit

---

[14] Wörtlich: gesiegelter Brief, ein Brief mit einem Befehl des Königs, oft ein Befehl zur Einkerkerung, zu dem es keine Möglichkeit des Einspruchs gab.

ihrer Familie zerfallen, verschafft der Mutter Geld zur Führung des Prozesses. Wütende Prozeßschriften erschienen im Druck. Das Pariser Parlament entscheidet zu Gunsten der Marquise; sie klagt weiter wegen schlechter Verwaltung der Güter durch den Marquis in der Zeit der Nutznießung. Denn der große Volkswirt und Physiokrat war privat ein waghalsiger Spekulant ohne Glück. Güterkäufe, Meliorationen, ein Kanalbau, ein Bergwerksprojekt und ähnliche Ideen überstürzten sich in seinem Kopf und verschlangen das Vermögen. Als er am 13. Juli 1789 starb, hinterließ er seinem Sohn nichts. Die Frau Marquise starb im Gefängnis, bettelarm, mit einer halben Million Schulden.

Die Brüder des Marquis Victor sind nicht weniger romantisch. Ludwig Alexander heiratet mit 24 Jahren eine Schauspielerin, frühere Maitresse des Marschalls von Sachsen, wird nach deren frühem Tode nach Deutschland verschlagen, zum Markgrafen Friedrich von Bayreuth. Dieser benutzt ihn zu diplomatischer Sendung nach Versailles: er soll im Anfang des siebenjährigen Krieges mit einer halben Million Talern die Pompadour für den Frieden mit Preußen kaufen. Schließlich rehabilitiert er sich durch eine standesgemäße Heirat mit einer deutschen Gräfin.

Charles Elzear wird verhältnismäßig früh vernünftig. Er verbringt einen großen Teil seines Lebens zur See und in den Kolonien. Zwei Jahre lang war er Gouverneur der Insel Guadeloupe. Auch er schreibt, deckt Mißbräuche auf im französischen Seewesen. Er tritt in den Malteserorden ein und wird von der Familie, in der er die Rolle des vornehmen, alten Onkels spielt, stets mit seinem Ordenstitel „Bailli" genannt. Im Leben Gabriels ist er von erheblicher Bedeutung. Gelegentlich hat er sogar seine Schmucksachen für dessen Schulden verpfändet.

Der Bruder Gabriels, Mirabeau-Tonne genannt wegen seines körperlichen Umfanges, tut Kriegsdienste in Amerika, kommandiert später ein Dragonerregiment in Frankreich und wird in der Nationalversammlung einer der Führer der extremen adligen Rechten. Im Jahre 1790 verläßt er Frankreich und errichtet in Deutschland eine Emigrantenlegion, mit der er einen blutigen Kampf gegen sein Vaterland aufnimmt. Trotz ihres politischen Gegensatzes vertrugen sich die beiden Brüder. Er starb bereits im Jahre 1792.

Seine Schwester Louise, die Marquise de Cabris, war ebenso schön wie Gabriel häßlich. Sie war an einen Geistesschwachen verheiratet und betrog ihn leichtherzig. Stets war sie in Skandalgeschichten verwickelt. Einer Feindin hat sie sogar eine Pistolenforderung übersandt. Sie war ebenso leidenschaftlich wie Gabriel, beredsam und urteilsscharf, aber ohne Erziehung noch Zügelung.

VII. Lebensabriß Mirabeaus

Aus diesem Blute wurde Honoré Gabriel Victor Riquetti, Graf von Mirabeau, am 9. März 1749 in Bignon, auf dem Landgut des Marquis Victor bei Nemours geboren. Seine Häßlichkeit war das erste, was der Vater ihm vorwarf, sie erinnerte ihn an verhaßte Gesichter aus der Familie seiner Frau. Das erste, was er an ihm lobt, sind seine Kenntnisse: „Man spricht von seinem Wissen in ganz Paris." Damals war Gabriel fünf Jahre alt. Wie dem nun auch sei, jedenfalls entwuchs der geistig frühreife Knabe schnell der häuslichen Hofmeistererziehung und dem ohnmächtigen Dilettantismus seines Vaters, der im Stile der Zeit pädagogisch experimentierte. Er wurde zum Abbé Choquard geschickt, der ein Edelmannsinstitut für schwer erziehbare Knaben leitete. Mit 17 Jahren trat er in ein Kavallerieregiment. Einen großen Teil seines ersten Dienstjahres brachte er im Arrestlokal zu. Im Laufe des zweiten entfloh er mit Hinterlassung einer Spielschuld, außerdem steckte dahinter noch eine Liebschaft mit Heiratsversprechen. Es handelt sich um ein Mädchen aus dem Volke. Mirabeau hat behauptet, sein Oberst, der erst 26 Jahre zählte, habe ihn schimpflich behandelt, um sich dafür zu rächen, daß er – Mirabeau – ihn bei dem Mädchen ausgestochen habe. Der Sünder wird in die Zitadelle auf der Insel Rhé bei La Rochelle als Militärgefangener gebracht; es ist dies die erste und einzige Haft, mit der sein Vater nichts zu tun hat.

Honoré-Gabriel Riquetti,
Graf de Mirabeau

Nach sechs Monaten gelinder Haft schloß sich Mirabeau als Unterleutnant der militärischen Expedition nach Korsika an, die zur Einverleibung der Insel führte. Er war ein sehr guter Feldsoldat und noch lange der Ansicht, er sei eigentlich zum Soldaten geboren. Denn er hatte allerdings Kraft zum augenblicklichen Entschluß, hatte Scharfblick, Freude am Angriff und Abenteuer und war ohne Bedenken in der Wahl seiner Mittel. Als Frucht dieser Expedition brachte er seinem Onkel Bailli das Manuskript einer Geschichte Korsikas mit. Der Onkel war der erste, der sein Genie erkannte, und er ließ sich von seinem Charme völlig einfangen. Er versöhnte ihn mit dem Vater, bei dem Mirabeau die nächsten zwei Jahre lebt. Er verbindet sich mit dem Vater gegen die Mutter und gegen die Bauern, auf die der künftige die Aristokratie bekämpfende Volksmann mit dem Stocke losgeht.

Plötzlich ist Mirabeau 1771 verheiratet. Die achtzehnjährige Tochter des Marquis von Marignane war eine der umworbensten Erbinnen der Provence. Es lockte ihn, sie den viel reicheren Mitbewerbern wegzuschnappen. Dies gelang ihm dadurch, daß er Fräulein von Marignane derart bloßstellte – er ließ eine Droschke eine ganze Nacht vor ihrem Hause halten, während er selbst diese Zeit bei ihrer Zofe verbrachte – so daß die Eltern schließlich froh waren, einen Skandal durch eine unerwünschte Ehe zu vermeiden. Schloß Mirabeau wurde den Jungvermählten zur Verfügung gestellt. Der Vater und der Onkel Bailli hatten ihn ausreichend dotiert. Er verfügte über 6 – 8000 Livres Rente im Jahr. Seine Zukunftsperspektive schien gut, er war in den Stand gesetzt, eine normale Karriere zu machen.

Mirabeaus Ehefrau

Durch welche Verkettung von Umständen, Fehltritten und unglücklichen Zufällen wurde dieser junge Edelmann ein Deklassierter? Wieso mußte er lange Zeit seine Aktivität ins Leere verstreuen? Wieso fand er erst gegen Ende seines Lebens eine Tätigkeit, die einigermaßen mit seiner Persönlichkeit im Einklang stand?

Als Mirabeau mit 23 Jahren heiratet, sehen wir in ihm einen Menschen, der sich völlig vom Schicksal treiben läßt. Wir müssen, was zwar im 18. Jahrhundert noch durchaus üblich war, uns aber heute fremd erscheint, feststellen, daß dieser junge Edelmann sich überhaupt noch keine Lebensaufgabe gestellt hatte. Auf Korsika hatte er vorübergehend Talent zum aktiven Soldaten in sich gefühlt, sich auch als Schriftsteller versucht, aber keinerlei Konsequenzen aus diesen Neigungen gezogen. Auf Schloß Mirabeau ist ihm sein Kavaliertum Lebensinhalt genug. Alles ist gerichtet auf das subjektive Moment der Erfüllung, auf Glück. Die den beiden Ehegatten ausgesetzte Rente war ausreichend für den normalen Haushalt eines Landedelmannes. Mirabeau jedoch fühlt, daß er nicht imstande ist, eine Norm einzuhalten. So ist er von Beginn der Ehe verstimmt über die Enge seines zukünftigen Lebens, welche er zwar durch die eigenartige Form der Brautwerbung selbst verschuldet hatte. Andernfalls hätten die beiderseitigen Eltern sich gewiß in der Dotierung der beiden Eheleute großzügiger gezeigt. Um sich zu betäuben, stürzt sich Mirabeau in einen Strudel prunkvoller Feste. Er ist völlig unfähig, sich und seine Angelegenheiten rational zu lenken. Seine Neigung zum Pomp konnte er nicht unterdrücken. An seinem Schloß ordnet er zahlreiche bauliche Veränderungen an, dekoriert das Zimmer seiner Frau mit einem Aufwand von 20000 Livres, der Etat seiner Garderobe ist sehr reich, wenn auch niemals korrekt. Nach noch nicht zweijähriger Ehe hat er über 200000 Livres Schulden, Wechselschulden an einen Geldverleiher, den Pfarrer der Gemeinde, den Juwelier, Schneider, Bäcker, Schlächter, an Handwerker und Dienstboten. Auf Mahnungen reagiert er mit Prügel. Er versetzt, was er nur kann, selbst Diamanten, die der alte Marquis der jungen Frau zur Hochzeit geschenkt hatte. Damit ein offener Skandal vermieden werden konnte, erwirkt der Vater vom König eine lettre d'exil[15], die ihm befahl, Schloß Mirabeau nicht zu verlassen. Auf diese Weise gewannen die Eltern der jungen Frau Zeit, Abkommen mit den zahlreichen Gläubigern zu treffen und die Schulden auszugleichen.

Bald wurde ihm die kleine Nachbarstadt Manosque zum Aufenthalt angewiesen. Dort betrog ihn seine Frau mit einem Offizier; er verzieh ihr und schrieb überdies dem Verführer einen Brief, der ihm durch ein Übermaß an Großmut, Tugend und sittlicher Entrüstung niederschmettern sollte. Ja, er versuchte selbst, den Verführer zu verheiraten, um sich seinen ehelichen Frieden zu sichern. Um diesen Zweck zu erreichen, verläßt er Manosque, besucht auf dem Rückwege seine Schwester, Madame de Cabris, und vergreift sich tätlich an einem Edelmann, der angeblich seine Schwester auf skandalöse Weise verleumdet hat. Er gerät in den Verdacht des Mordversuches, und ein Verhaftsbefehl wird gegen ihn erlassen; der Bannbruch wird ruchbar. Sein Vater muß einspringen, um seinen Sohn auf adlige Weise der Justiz zu entziehen. Eine eiligst erwirkte lettre de cachet bringt ihn in das

---

[15] Arrestbefehl

Château d'If auf der Reede von Marseilles. In dem Augenblick, wo Mirabeau in Manosque verhaftet wurde, um in sein neues Gefängnis gebracht zu werden, vollendet er sein erstes bekanntes Werk, den *„Essai sur le despotisme"* (Versuch über den Despotismus). Es ist aber nur als **zufällige Herstellung** zu werten. Seine Haltung dem Leben gegenüber ist noch immer passiv, nirgends ein Ansatz, es tätig und planvoll zu gestalten. Er läßt sich nur von augenblicklichen Einfällen treiben, unfähig seine passageren Impulse zu beherrschen. Er ist windgejagte Welle. Seine Triebhaftigkeit und seine Lebensgier haben ihn in die Gefängnisse gebracht. Der *„Essai sur le despotisme"* ist der erste Aufschrei der Empörung über die Zustände in den französischen Gefängnissen; aber Mirabeau ist noch nicht fähig, für sein ganzes Leben Konsequenzen daraus zu ziehen. Sein Tätigkeitsdrang geht in die Breite und ins Wahllose anstatt in die Tiefe. Seine eigene Frau ist allerdings nicht frei von Schuld, da sie weder daran gedacht hat, seinem Leben Sinn, Festigkeit und Richtung zu geben, noch sich nach seiner Verhaftung überhaupt um ihn gekümmert hat. Ihre Gefühle als Ehefrau hat sie erst wieder entdeckt, als Mirabeau bereits der berühmte Deputierte des dritten Standes war. Vom Château d'If wurde Mirabeau zum Château de Jour bei Pontarlier gebracht. Dort war seine Haft sehr locker, er hatte nur die Verpflichtung, jeden Abend ins Fort zurückzukehren. Er fühlte die Leere dieses Lebens und macht seiner Frau den Vorschlag, mit ihm ins Ausland zu fliehen; sie lehnt eisig ab. Dadurch verliert er völlig den Halt. Brutale Genußsucht ist sein einziger Lebensinhalt. Er kehrt eines Abends nicht mehr zum Schloß zurück.

Marquise Sophie de Monnier

Im Städtchen Pontarlier fesselte ihn die 21jährige Marquise Sophie de Monnier, die an einen beinahe 70jährigen verheiratet war. Ihre Zuneigung zu gewinnen, war eine Leichtigkeit. Seine nächtlichen Besuche machten ihn jedoch bald im Hause des Herrn von Monnier unmöglich. Die beiden Liebenden beschließen, getrennt nach Dijon zu fahren, wo Sophies Eltern wohnen und wo Mirabeau unerkannt zu bleiben hoffte. Aber durch seine Tollkühnheit bereitete er seinem Inkognito ein Ende. Sophies Eltern bewachen ihre Tochter, so gut sie können; sie muß mit ihrer Schwester im selben Bett schlafen, und ihr Fuß wird mit dem Arm der Schwester durch eine Schnur verknüpft. Die Ruffeys fordern in einer von Mirabeaus Vater und Onkel mitunterschriebenen Denkschrift die Festsetzung Mirabeaus im Donjon von Dijon. Es gelingt jedoch Mirabeau, aus dem Gefängnis zu entkommen. Gleichzeitig ist in ihm die Absicht, Sophie zu entführen, völlig gereift. Trotz der Freiheit der Sitten in der adligen Gesellschaft des 18. Jahrhunderts war die Strafe für Entführung einer verheirateten Frau außerordentlich streng. Mirabeau war bekannt, was er mit diesem Entschluß aufs Spiel setzte. Aber er hatte sich in dieses Abenteuer bereits so weit verstrickt, Sophie forderte ihn in ihren Briefen immer wieder zur Flucht auf: „Gabriel oder sterben!" so daß er vernünftige Erwägungen in dieser Affaire überhaupt nicht aufkommen ließ. Er erlag seinem Hang zum Abenteuer und dem Drang nach Freiheit und überwand unglaubliche Schwierigkeiten, um sein Vorhaben durchzuführen. Sie trafen sich schließlich beide in der Schweiz und reisten von dort nach Amsterdam. Mirabeau betrachtete diese Stadt als sicheres Asyl und fühlte sich außerdem durch die Anwesenheit mehrerer französischer Buchhändler angezogen, die dort, sicher vor der Zensur ihres Landes, Verlagsunternehmen ins Leben gerufen hatten. Sein arbeitsamer Tätigkeitsdrang kam jetzt zum Durchbruch, und diese Eigenschaft sollte ihn niemals mehr verlassen. Er gedachte also zunächst, sich als Publizist und Schriftsteller zu betätigen. Es ist noch nicht festzustellen, daß er einen bestimmten Lebensplan faßt. Er schrieb damals den „*Avis aux Hessois*" (Mitteilung an die Hessen), ferner eine Denkschrift über das Freimaurertum, die darauf abzielt, den Orden zu politisieren, ihn durch die Prinzipien zu verjüngen, von denen die Revolution ihren Ausgang nahm. Aber er hätte damals ebenso gut etwas anderes geschrieben, wenn er dazu einen Auftrag gehabt hätte. Seine Arbeit brachte ihm wenig ein. Seine einzige Freude war der Besuch von Konzerten, und aus dieser Anregung entstand eine Studie über einen Vergleich von Musik und Poesie unter dem Titel „*Le lecteur y mettra son titre*" (Der Leser ließ hier seinen Titel) (1777). Der Titel und der Stil sind von der Anmut und Leichtigkeit eines Diderot. Inhaltlich bringt diese Studie das beste, was damals überhaupt über dieses Thema geschrieben wurde. „Selbst bis zum Schweigen ist alles von Melodie erfüllt. Der Dichter beschäftigt meine Gedanken, der Musiker bewegt mein Herz. Ich will nicht näher untersuchen, ob man nicht seit der Erfindung des Kontrapunktes die

Harmonie zu stark betont hat auf Kosten der Melodie." „Ses ornements outrés ont beaucoup apprauvi la musique. La diversité des parties introduites par l'harmonie et les efforts multiplies des harmonies ont nui à la mélodie." [16]Als Anhänger der Kammermusik verteidigt er die Instrumentalmusik, die immer der Hauptgegenstand des Komponisten, die Basis seiner Kunst bilden wird. Er untersucht ihre Bedingungen, Gesetze und ihre Grenzen.

Sophie erteilte in Amsterdam italienischen Sprachunterricht. Mitten in diesem Kleinkampf um das materielle Dasein überrascht sie der Verhaftsbefehl Frankreichs, die Niederlande geben dem französischen Auslieferungsantrag statt. Mirabeau kommt in den Kerkerturm von Vincennes; Sophie, die ein Kind erwartete, in eine Art Korrektionshaus in Paris. Länger als drei Jahre sollte Mirabeau lebendig begraben sein zwischen den vier Mauern dieses besonders strengen Gefängnisses. Die Strafe war deshalb so hart, weil sie einen Menschen traf, der von einem ungeheuren Tätigkeitsdrang besessen und verzehrt war. Seine strotzende Natur, die auf körperliche und geistige Verausgabung, auf Mitteilung, auf Auswirkung gestellt war, mußte sich jahrelang im Leeren abarbeiten. Ein anderer Mensch wäre daran zugrunde gegangen. Mirabeau ging daraus mit Triumph hervor. Es scheint, als wenn sich seine Spannkraft durch die Belastung vervielfacht hätte. In Vincennes reift, wenn auch völlig unsystematisch und unbewußt, der künftige große Staatsmann heran. Er hat niemals bezweifelt, daß er doch noch einmal in seinem Leben einen großen Erfolg haben würde. Er arbeitet dort 15 Stunden täglich und liest jedes Buch, dessen er nur habhaft werden kann. Er vertieft die Kultur seines Geistes, sammelt Vorräte an Ideen und Kenntnissen. Er spricht jetzt häufig von Reue, aber sie dringt niemals in sein Herz.

Über den Kopf des Kommandanten knüpft der Gefangene direkte Beziehungen zum „Lieutenant de police", Herrn Le Noir, an und erwirkt bald verschiedene Vergünstigungen, wie die Erlaubnis, Bücher zu kaufen, mit Sophie Briefe zu wechseln. Allerdings mußten diese Briefe an den „Lieutenant de police" adressiert werden und wurden nur befördert, wenn nichts darin stand, was die Behörde bloß gestellt hätte. Später mußten sie an den „Lieutenant de police" zurückgeschickt werden. Dieser Umgehung der Vor-

---

[16] Ihre überspannten Verzierungen haben die Musik sehr gutgeheißen. Die Mannigfaltigkeit der durch die Harmonie eingeführten Partien und die vervielfältigten Anstrengungen der Harmonien haben der Melodie geschadet.

schriften verdanken wir die kurz nach Mirabeaus Tode herausgegebenen *„Lettres originales de Mirabeau, écrites du Donjon de Vincennes"* (Originale Briefe von Mirabeau, geschrieben aus der Festung von Vincennes), eine Publikation, die lüsterne Neugier, Teilnahme und Ekel zugleich hervorrief und bis heute das eigentlich menschliche Interesse an Mirabeau wach hält. Durch diesen Briefwechsel sind Mirabeau und Sophie in die Zahl der unsterblichen Liebespaare eingegangen.

Zumindest Mirabeau war sich dessen bewußt, daß er diese Briefe nicht allein seiner Geliebten schrieb, sondern für eine Mit- und Nachwelt. Die Eitelkeit hat diese episch-lyrischen Tiraden gestaltet; es wäre schief, darin den Ausbruch einer spontanen übermächtigen Leidenschaft zu suchen; Mirabeau gefiel sich in der oft blendend zugespitzten, manchmal überlangen rhetorischen Phrase. Er bildet in diesem Briefwechsel durch drei Jahre sein rhetorisches Talent aus, durch das der Volkstribun später alle Herzen bezauberte. Er lernt die spezifische Rede „pour et contre", das Plaidoyer, den parlamentarischen Angriff, die parlamentarische Verteidigung. In diese Briefe läßt er alles einströmen, was Herz und Kopf im Augenblick bewegt. Dieser zur Geselligkeit geschaffene Mensch erzaubert sich im Gefängnis sein Publikum; seine Briefe sind Reden an nur in der Phantasie existierende Hörer. Jeder Satz kann deklamiert werden. Die in ihm aufgespeicherte Lektüre vieler Jahre kommt darin brockenweise zum Vorschein. Gelegentlich scheut er sich auch nicht, sich mit fremder Feder zu schmücken. Selbst Liebesergüsse sind teilweise nur aus zeitgenössischen Romanen abgeschrieben.

Wir finden darin eine Stellungnahme zur Religion, eine Abhandlung über die Toleranz, ein Bekenntnis zum sequi naturam[17] der Antike, eine Absage an Staat und Priestertum, einen Ausfall gegen die Verlogenheit der verschiedenen Konfessionen mit ihren Dogmen, dann wieder stoische Lebensauffassung, Verteidigung des Selbstmordes als eines letzten Ausweges, den er, solange er in seiner Liebe zu Sophie noch eine Stütze findet, nicht ergreifen wird (5.10.77). Im Brief vom März 1778 und vom 20. 12. 1778 schreibt er gegen den Krieg, da er nur Elend und Wahnsinn schaffe; der Krieg ist widernatürlich und unmenschlich und dient nur dazu, die willkürliche Gewalt zu begründen und aufrecht zu erhalten. „Es ist der niedrigste, hassenswerteste, verabscheuteste Beruf, der Trabant eines Despoten, der Kerkermeister der eigenen Brüder zu sein – der Dienst paßt nicht für mich." In den *„Lettres de cachet"* (Verhaftungsbefehle) (1782) können wir lesen:

---

[17] Folge der Natur

„Tout système politique qui ne tient pas d'excellents établissements militaires ou plutôt qui ne donne pas à un peuple l'esprit militaire si nécessaire à sa conservation, tout système politique dépourvu de ce ressort est défectueux."[18] Wir sehen, was für Streiche Mirabeau seine eigene Maßlosigkeit spielt. An der Idee der nationalen Verteidigung hat er auch als Volkstribun festgehalten. Im Mai 1778 ermahnt er Sophie zu stoischer Haltung ihren widerlichen Nachbarinnen gegenüber. „Duldsamkeit sei in allem Deine Religion. Habe Bekannte, aber keine Freundinnen."

Dann wieder schickt er ihr eine Abhandlung über die Liebe als ethisches Postulat, welches Streben und Ehrgeiz nach Titeln ausschaltet; aber er spricht davon nur, um aus seiner Lage das bestmögliche zu machen. Er schreibt von wahrer Liebe und Hingabe der Frau als sequi naturam; sie überschreitet alle Hindernisse, alle Vorurteile der Welt; er stellt seine Liebe zu Sophie hin als Verwirklichung des Liebesideals des Goldenen Zeitalters. „Liebe bedeutet bei uns den Einklang von Seele und Sinnen, und diese Harmonie wird ewig währen." Es ist dies eine Idee spanischer Mystik, die ihm durch Rousseau vermittelt wurde.

Unter dem Einfluß von Rousseaus „*Émile*" gibt er ihr Anweisungen, wie sie sich während der Schwangerschaft, vor, während und nach der Entbindung zu verhalten habe. Er will naturgemäße Gesundheitspflege und Erziehung angewendet wissen; er beweist eine bis ins Kleinste gehende hausväterliche Fürsorge in seinem Kummer um Mutter und Kind. Diese Briefe sind wirklich aus tiefstem Schmerze geboren; denn er war sich klar darüber, daß er wohl kaum in die Lage kommen dürfte, sein Kind zu sehen noch wunschgemäß dafür sorgen zu können. Er ist empört, daß das Kind gewickelt wird, da dies eine Vergewaltigung der Natur sei; er empfiehlt Rasieren des Haares, kalte Waschungen. Dann wieder betet er Sophie an: „Man weiß nicht genügend, daß die sanften und maßvollen Seelen die unbeugsamsten sind, sie haben sich erst nach reiflicher Überlegung entschieden."

Er regt Sophie an zu geistiger Beschäftigung und rät ihr, sich von ihrer Lektüre Notizen und Auszüge anzufertigen, damit sie wirklichen Nutzen davon habe. „Ich möchte auch nicht, daß Du Dein Italienisch verlernst, die schönste Sprache, um die Liebe auszudrücken." (März 1778) Er selbst ist unermüdlich beschäftigt, und die Liste seiner in Vincennes begonnenen,

---

[18] Jedes politische System, das keine ausgezeichneten militärischen Einrichtungen unterhält oder das vielmehr einem Volk nicht den militärischen Geist verleiht, der für seine Bewahrung so notwendig ist, jedes politische System, das dieses Ressorts entbehrt, ist fehlerhaft.

geförderten oder vollendeten Arbeiten ist sehr lang. Er übersetzt Tibulls Gedichte, die „Basia" des Johannes Sekundus, Boccaccios Dekameron, Agricolas Leben des Tacitus, schreibt einen Essai über die lateinischen Elegiker, Denkwürdigkeiten über den Minister Herzog von Aiguillon, einen Essai über die Toleranz, eine Denkschrift über die Pockenimpfung, eine Geschichte Philipps II. von Spanien, zwei Tragödien, ein bürgerliches Drama, dessen Gegenstand seiner Liebesgeschichte mit Sophie entnommen war, zwei obszöne Bücher „*Meine Bekehrung*" und „*Erotica biblion*", Erzeugnisse eines durch die Einschließung hervorgerufenen Fiebers der Sinne.

Tausend Ideen schwirren in diesem Kopfe durcheinander, und er war vom Teufel der Graphomania besessen wie sein Vater. Dazu kommen die Denkschriften an Herrn Le Noir, an Herrn de Maurepas, an seinen Vater, an den König. In einer Eingabe an Ludwig XVI., anscheinend einem Aufschrei aus tiefster Kerkernot, findet sich eine Stelle aus dem berühmten Hamletmonolog in französischer Prosaumschreibung. Aber noch immer ist nicht festzustellen, daß er endlich den Entschluß zu einem Lebensplan faßt. Seine gesamte Tätigkeit dient der Ausbildung seiner Persönlichkeit, geschieht aus **Tatenlust, nicht der Erkenntnis halber**. Er war noch ganz in den Anschauungen des 18. Jahrhunderts befangen, daß Kavaliertum Lebensinhalt genug sei und es Sache des Vaters gewesen wäre, ihm ein Amt zu kaufen. Am 20.12.78 beklagt er sich in seinem Briefe an Sophie über den Vater, der dies unterlassen hatte und behauptet, er sei nur darauf bedacht gewesen, ihm jegliche Laufbahn zu verschließen. Dies stimmt jedoch nicht. Nach seiner Heirat hatte es absolut in seiner Macht gestanden, sein Leben sinnvoll zu gestalten. Gewiß ist er genial, ein feuriger Geist, in all seinen Schriften stecken einige Wahrheiten, schwungvolle Bilder. Aber es sind lauter einzelne Einfälle, es ist ein Durcheinander, es fehlt die Ordnung. Wesentliches und Unwesentliches werden nicht unterschieden. Was er tut, hat keinen Plan, keine Unterscheidung von wichtig und unwichtig, keine Methode. Er befaßt sich mit tausenderlei Gegenständen, aber dies alles ist erst der Übergang von funktionaler zu werkhafter Betätigung. Er glaubt, daß er wahrscheinlich für den auswärtigen Dienst jetzt ebenso geeignet sei wie in seiner Jugend für den Krieg. Aber diese ganze vielfältige Lektüre hat nicht den Sinn und den Zweck, sich für den späteren diplomatischen Dienst auszubilden. Seine politische Sendung bereitet sich in ihm ganz unbewußt vor. Das Genußstreben überwiegt noch immer, und er kleidet es in etwas falsche sentimentalische Töne: „Ich werde weder das eine (Krieger) noch das andere (Philosoph) sein, und ich würde mich leicht trösten, wenn ich sein könnte, was ich freiwillig geworden wäre, ein zärtlicher Liebhaber, ein ausgezeichneter Freund, ein treuer Gatte, ein guter Vater" ... (übrigens ein Zitat aus Rousseaus „*Confession*"). Wenn er in dieser Art als Kavalier gelebt hätte, wäre er nicht ins Gefängnis geraten. Die in erotischer Beziehung recht frei denkenden Menschen des 18. Jahrhunderts waren allerdings chokiert darüber, daß diesem Manne jede Grazie im erotischen Leben abging. Was er beginnt, ist maßlos. Er will seine Schwester verteidigen, die behauptete, von einem Edelmann beleidigt worden zu sein, und er schlägt den Mann derart, daß er in Mordverdacht gerät usw. Diese Hemmungslosigkeit ist sein Unglück gewesen. Aber er hat nie daran gezweifelt, daß er noch einmal in seinem Leben Erfolg haben würde. Solange er eben nur den Briefwechsel mit Sophie und seine Bücher hat, verströmt er in sie seine ganze geistige Kraft. Er schläft nur drei Stunden, liest und schreibt 14 bis 15 Stunden täglich. Doch „alles, was ich mache, bleibt weit unter meinen Entwürfen, Gedanken und Ausblicken."

Er erteilt Sophie Anweisungen zu einem vernünftigen Leben, rät ihr, um zehn Uhr schlafen zu gehen, und den Pfarrer, die Messe und die Nonnen zu allen Teufeln zu schicken, zu baden, erfrischende Getränke zu nehmen, damit sie ihre kleinen körperlichen Beschwerden erfolgreich bekämpfe. Er wettert gegen das Priestertum, da Priester nur gefährliche Kanaillen seien, entweder unehrliche Menschen und gute Geistliche, oder schlechte Geistliche und ehrliche Menschen. Er polemisiert gegen den Despotismus: „denn die Macht dieser Herren wächst jeden Tag, und ihre Besonnenheit ist noch hundertmal schlimmer als ihre blutigsten Kriege; denn sie kündigt nur den furchtbaren Frieden der Sklaverei an; in Zukunft werden ganz nach dem Belieben fünf oder sechs Despoten einfache Verträge über Freiheit, Eigentum und Leben des Menschen schließen und entscheiden, die Willkürherrschaft wird nach allen Seiten eine drohende Stirn zeigen, einen unüberwindlichen Wall darstellen." Er schreibt einen Hymnus auf Rousseau, lobt den „*Émile*", den Gesetzesentwurf Rousseaus für Polen; aber dieses Lob ist oberflächlich und phrasenhaft. Es war ein handschriftlicher Entwurf dieser „*Considérations sur le gouvernement de la Pologne*" (Betrachtungen über die Regierung Polens) in seine Hände gelangt. Einige junge Polen hatten den Genfer besucht und ihn um einen Gesetzesentwurf für ihr Land gebeten.

Rousseau gibt den Polen den Rat, alle Gemeinsamkeit mit dem übrigen Europa abzubrechen durch Bildung eines Nationalcharakters. Aber wie ihn bilden? Durch kindliche Spiele, durch öffentliche, erhabene, ergreifende Veranstaltungen, durch Feiern und Feste. Durch nationale Spiele und Feste wird ihnen das Glück anderer Nationen schal erscheinen. So würden sie wahre Polen sein. Die Russen würden sie zwar verschlingen, aber nicht verdauen können. Dieses Rezept sehen wir jetzt in allen Diktaturstaaten überreichlich angewendet. Mirabeau hat die Gefährlichkeit dieses Rates nicht erkannt, er sieht vielmehr in diesem Entwurf die „gleiche Schönheit wie in den schönsten Erzeugnissen des Schriftstellers." Das Ideal der nationalen Besonderheit, das Rousseau hier verkündet, ist eigentlich eine Übertragung des Einheits- und Freiheitsstrebens auf das kulturelle Gebiet. Man will sich aus der geistigen Abhängigkeit vom Auslande her befreien, seine kulturelle Ebenbürtigkeit dartun, die früher zur Reife gelangten Nationen womöglich übertrumpfen, wenn möglich eine nationale Eigenart ausbilden, um sich vom Vorwurf der Nachahmung zu befreien. In wesentlichen Stücken bedeutet solch ein Nationalismus einen Rückschlag in primitive Denkformen. Bei näherem Zusehen gewahren wir ein Vorwalten irrationaler, triebmäßiger Handlungen, affektbetonte Zwangsideen, Denken in Symbolen, Gebundenheit an Stamm (Rasse) und Ahnen. So verwirft jede nationalistische Philosophie Individualismus, Rationalismus, Erfahrung und pflegt Kollektivismus, Mystik, Tradition. Daß so ein vernunftbegabter Mensch wie Mirabeau von diesen romantischen Überspanntheiten eines Rousseau auch noch entzückt war, ist wirklich verwunderlich und beweist uns, daß er vor allen Dingen konservativ war und in seine revolutionäre Rolle nur von außen geraten ist. Sie war ihm nicht innerstes Gebot, und es hat so sehr lange gedauert, bis er endlich seinen Platz in der Weltgeschichte gefunden hat.

Am 12.7.1780 lobt er Rousseau's Lauterkeit, seine Tugend, die ein Quell seiner Beredsamkeit sei. „Begabt vielleicht mit der unverderbbaren tugendhaften Seele eines Epikuräers, hielt er in seinen Sitten die Strenge eines Stoikers aufrecht."

Mirabeau äußert seine Ansichten über die Kunstform von Roman und Novelle (8.7.1780). Doch er hat sich nicht sehr stark den Kopf über dieses Problem zerbrochen. Er hat sehr unvollkommene Vorstellungen von den Anforderungen, die man an die Romanform stellen muß. Die Einheit sei der Erzählung nicht so streng vorgeschrieben wie dem Bühnenstück, aber eine Erzählung, die nur ein Aneinanderreihen von Abenteuern wäre ohne die gemeinsame Tendenz, die alles in einem Punkt vereinigen will, wäre ein Roman, aber keine Erzählung. Im gleichen Brief spricht er sich sehr lobend über Lafontaine aus, da er Anmut, Leichtigkeit und erfinderisches Genie verbinde. Doch von einer tieferen Kenntnis Lafontaines kann nicht die Rede sein, obwohl er diese Gedichte auswendig herzusagen weiß. Und dies müssen wir immer wieder betonen: alle Fragen, die Mirabeau aufwirft, werden nur gestreift; er jagt von einer Erscheinung zur nächsten. Seine Unrast hindert ihn daran, sich mit einer Frage, die er aufgreift, wirklich gründlich auseinanderzusetzen. Dasselbe gilt von seiner Untersuchung des Klosterwesens, der Entartung der Nonnen, der Unmöglichkeit des Gottesbeweises. Als er dies schrieb, muß er gerade Diderot gelesen haben. Er hat wahrscheinlich die „*Lettres sur les aveugles*" in der Hand gehabt. Die Stilisierung dieser Stelle ist zu ähnlich (29.8.1779). Gibt es einen Gott? Gibt es keinen? Mischt er sich in die Angelegenheiten dieser Welt? Mischt er sich nicht hinein? ... Ich weiß gar nichts? ... Ich weiß weder, ob es existiert, noch wie es existiert, aber ich weiß, daß das Moralische für den Menschen wertvoll und sogar notwendig, für die Bildung und Erhaltung der Gesellschaft unentbehrlich und für jedes vernünftige Wesen verbindlich ist. Darin erkenne ich wieder unsern causeur[19] Diderot. Hätte sich Mirabeau die Mühe genommen, diese Gedanken selber zu formulieren, so wären daraus lange, gewundene, beredte Phrasen geworden. Aber er hat sich nie gescheut, von andern zu leihen. Er verstand allerdings, dem Vorhandenen den Stempel seines Willens und Wesens aufzudrücken; er war ein genialer Redakteur und Arrangeur, kürzte, rückte zusammen, erhöhte Kraft und Leben der Vorlage. Er brachte Zug ins Werk. Er gab dem Satz die epigrammatische Wendung, die Ironie, die Anspielung.

Im Oktober 1778 starb Mirabeaus Sohn. Dieser Tod schmerzte ihn nicht besonders; aber es traf den alten Marquis, der wünschte, daß sein Name weiterlebe. So kam es nach langen Verhandlungen endlich zu Mirabeaus Freilasung aus dem Kerker von Vincennes. Es wurde ihm zur Bedingung gestellt, die Ehe mit seiner Frau wieder aufzunehmen und mit Sophie zu brechen. Sophie gab diesen Mann frei, obwohl ihr Leben dadurch jeden Wert verlor. Ihr Kind war bereits gestorben. Ihr Mann, der alte Monnier, antwortete nicht einmal auf ihre flehentlichen Bitten um Wiederaufnahme. Acht Jahre noch lebte sie von einer sehr bescheidenen Rente auf dem Lande, widmete sich der Krankenpflege, heiratete noch einen Kavallerieoffizier, um nicht völlig allein zu sein und ermordete sich einen Tag nach dem Tode dieses Mannes am 9.9.1789.

Mirabeau wirft, um seine Freiheit zu erlangen, jede persönliche Würde weg, wiederholte die demütigendsten Briefe an die ganze Verwandtschaft; es war ihm in der Situation jedes Mittel recht, um nur erst befreit zu sein

---

[19] Plauderer

von der Kerkerhaft. Am 13. Dezember 1780 öffnen sich endlich die Tore des Kerkers. Nach vorübergehendem Aufenthalt in Paris lebt er auf dem Gut des Vaters in Bignon, spielt mit ihm „Lotto" und sagt „Papa". Dazu müssen wir wissen, daß er auch aus dem Gefängnis heraus gemeinsam mit der Mutter gegen den Vater prozesssiert hatte; später hat er die Rolle gewechselt. Seit 1777 war er übrigens wegen Ehebruch und Entführung in contumaciam[20] zum Tode verurteilt worden; er war bürgerlich tot. Es galt nunmehr, sich zu rehabilitieren. Er nahm also im Gefängnis von Pontarlier Wohnung, erschien vor Gericht als sein eigener Anwalt und leugnet jede Beziehung mit Frau von Monnier. Es war eine Farce. Die Rehabilitation erfolgte natürlich. Madame spielte inzwischen Theater auf den Liebhaberbühnen der Provinzschlösser, glänzte dort wie in den Tagen vor ihrer Ehe und legte keinen Wert darauf, sich in dieser Beschäftigung durch den Wiedererschienenen stören zu lassen. Mirabeau klagte auf Rückkehr zu ihm innerhalb dreier Tage. Madame antwortet darauf mit einer Ehetrennungsklage. Mirabeau hielt darauf, in der Sache gegen seine Frau sein eigener Anwalt zu sein. In der Geschichte des 18. Jahrhunderts ist es ein historisches Datum, als die friedlichen Magistratspersonen einer Sénéchaussée[21] und die schon ansehnlicheren Richter eines höchsten Gerichtshofes einen Edelmann des Schwertadels vor ihren Schranken erscheinen sahen, der aller schulmäßigen Rechtsgelehrtheit fremd, laut auf seinen Adel pochte und in seinen verwüsteten Zügen den Stempel seines an ungewöhnlichen Wechselfällen reichen Lebens trug. Ohne sich durch die Voreingenommenheit, die sein bloßer Name erregte, außer Fassung bringen zu lassen, eroberte er mit den ersten Worten die Aufmerksamkeit der lauschenden, neugierigen Menge, setzte dem gegnerischen Anwalt derart zu, daß er ohnmächtig aus dem Saal getragen werden mußte und brachte den Vertreter der Staatsanwaltschaft zum Schweigen. Er machte auf alle einen großen Eindruck und präludierte gleichsam den rednerischen Kämpfen, die er durchzusetzen berufen ist, und zwar nicht mehr vor den Schranken eines Gerichts, sondern in der assemblée nationale … „Stelle Dir den Triumph dieses Seiltänzers vor", schrieb der Vater an Madame du Saillant, „am Tage seines großen Puppenspiels brach das dumme Volk trotz dreifacher Wachen durch alle Schranken; Türen, Fenster, Balkon, alles war gepfropft voll; auf den Dächern standen die Leute, um ihn, wenn nicht zu hören, so doch wenigstens zu sehen. Und schade, daß sie

---

[20] In Abwesenheit des Angeklagten
[21] ein Verwaltungsbezirk

ihn nicht hörten, denn er hat so geredet, so gedonnert, so gebrüllt, daß die Mähne des Löwen weiß war von Schaum und von Schweiß triefte." Damals gewann er die Herzen des Volkes, das ihn sechs Jahre später als seinen Abgeordneten in die Nationalversammlung entsandte. Damals verwischte er das Andenken an die früheren Zeiten, wo er seine Gläubiger durchprügelte. Nach einem letzten Appell Mirabeaus an die Unbefangenheit und die Rechtlichkeit der Richter zog sich das Gericht zur Beratung zurück. Es galt einen harten Kampf zwischen Rücksicht auf das Volksempfinden, Recht, Parteilichkeit und Ansehen des Gerichts. Doch noch herrschte das alte Regime in all seiner frechen Beschränktheit, noch waren Familienrücksichten, Beziehungen, Willkür Herren des Rechts und des öffentlichen Lebens. Mirabeau wurde verurteilt. Die Trennung von Bett und Tisch wurde zu Gunsten seiner Frau ausgesprochen. Mit diesem Prozeß entscheidet sich Mirabeaus Leben. Wäre er Sieger geblieben, so hätte er in seiner Familie und in der Gesellschaft den Platz wieder eingenommen, den er nach seiner Heirat innehatte, er hätte ein Vermögen und ein Heim wiedergefunden. Die seiner Reputation geschlagenen Wunden wären nach und nach verheilt. Man hätte sich damit begnügt, wie von seinem Vater, wie von seinen Onkeln, wie von jedem Mirabeau so auch von diesem zu sagen: „Er hat eine stürmische Jugend gehabt." Beim Ausbruch der Revolution hätten seine großen Geistesgaben, die Kühnheit seiner Anschauungen, seine Menschenkenntnis ihn gewiß keine geringere Rolle spielen lassen, als die, die er wirklich gespielt hat. Aber er hätte seinem Range entsprechend ins politische Leben eingegriffen, Seite an Seite mit den reformfreundlichen Edelleuten, die ein Ruhmestitel der Generation von 1789 sind. Er hätte weniger Hindernisse aus seinem Wege zu räumen, weniger Vergeltungssucht zu unterdrücken gehabt. Dagegen als Besiegter fällt er in ein Leben kompromittierender Abenteuer und würdeloser Schliche zurück. Er ist des Geldes zu bedürftig, um nicht zu versuchen, es sich durch irgendwelche, auch anstößige Mittel zu verschaffen.

Hatte er im Gefängnis seinen Tätigkeitsdrang ins Leere abarbeiten müssen, so konnte er nun seine Kenntnisse und seine Schaffenskraft nicht anbringen, weil er ein diffamierter Mensch war. Die Jahre von 1780 bis 1786 sind Wanderjahre, in denen er vergebens versucht, einen auch nur irgendwie geeigneten Wirkungskreis zu erringen. Alle Türen sind ihm verschlossen. Hatte er früher die Gesellschaft durch die Brutalität seiner erotischen Leidenschaften empört, so stieß er sie jetzt zurück durch die Pamphlete, die er veröffentlichte. Nach dem Ehetrennungsprozeß fuhr er zunächst nach England in Begleitung einer Halbfranzösin, namens Henriette-Amélie van Haren.

Henriette-Amélie van Haren, genannt Madame de Néhra

Sie lebte als freie Pensionärin in einem französischen Kloster, und Mirabeau mußte mehrere Monate um sie werben, bis sie sich endlich dazu entschloß, ihre Ruhe für diesen rastlosen Menschen zu opfern. Sie hat versucht, aus diesem unbehausten Flüchtling einen Bürger zu machen, ihm ein Heim, eine Familie zu geben. Doch vergeblich, er hat später diese treue Frau der üblen Frau seines Buchhändlers Le Jay geopfert. Die Reise nach England, die damals zum guten Ton gehörte, hat Mirabeau enttäuscht. Daß eine konstitutionelle Monarchie nach englischem Muster für Frankreich erstrebenswert sei, brauchte ihm nicht erst durch eine Reise klar gemacht zu werden. In einem Briefe an Chamfort (Brief XV) schreibt er, daß zwar die Verfassung gut sei, aber die Verwaltung miserabel, daß der Engländer zwar ein freier Mensch sei, aber das englische Volk sei eines der unfreiesten auf der Erde. Man täusche sich über die angebliche Großzügigkeit der Engländer. Sie berechnen alles und sind auch berechnend in ihren Beziehungen zu Freunden und großen Geistern. Ihre größten Schriftsteller sind fast alle buchstäblich verhungert. Ihr Sinn für Ordnung und Methode bedrückt und schließt die Emotionalität aus. Man müsse wirklich über das unglückliche Los der Menschheit seufzen, wenn man bedenkt, daß die Philosophen der Ansicht sein konnten, in der englischen Verfassung das vollendetste Muster bürgerlicher und politischer Freiheit zu sehen. Welches sind denn die Garanten dieser beiden Freiheiten? Ein Monarch, der diese Funktion nur geerbt hat und alle Posten und Pensionen verteilt; eine Körperschaft von Adligen, die diese Funktion weitervererben und mit reichen Privilegien ausgestattet sind, ein Parlament, in das einfache Bürger ihre Abgeordneten schicken, während angesehene Städte davon ausgeschlossen sind. Zweifellos ist die königliche Gewalt beschränkter als zu Zeiten Heinrichs VIII.; aber ist sie deshalb weniger schrecklich? Das Oberhaus, ein Überbleibsel aus der Feudalzeit, hat nur ein Interesse daran, den

Thron zu stützen und seine Macht zu vergrößern. Das Unterhaus ist noch genau so verderbt wie zu Zeiten Cromwells. Nein, die Engländer haben das Problem: Gerechtigkeit für alle noch lange nicht gelöst. „Je crois qu'ils n'ont pas de quoi justifier leur orgueil féroce."[22] Seine Bemühungen, in England in den diplomatischen Dienst einzutreten, scheiterten.

So kehrt er am 1. April 1785 wieder nach Frankreich zurück. Dank der Vermittlung der Frau van Haren, genannt Madame de Néhra, hat er zum ersten Mal keine lettre de cachet zu befürchten; aber da er im Prozeß der Eltern inzwischen die Partei der Mutter ergriffen hat, ist er ebenso mittellos wie frei. Er muß schreiben, um zu leben. Seine Popularität beginnt zu wachsen, und so schreibt er von da unter eigenem Namen. Doch verschlossen sich ihm durch seine Pamphlete die Kreise, zu denen er durch seine Geburt gehörte. Er wuchs immer mehr hinein in die Rolle des Anwaltes aller Bedrängten, weil er selbst ein Ausgestoßener war; er hörte aber deshalb niemals auf, sich als Aristokrat zu fühlen. Seine eigenen Zeitgenossen haben niemals verstanden, daß ein wirklich großer Mensch stets der verlorene Sohn seiner eigenen Kaste sein muß, und deshalb begegnete man ihm von allen Seiten mit Mißtrauen. Um sich Geld zu verschaffen, schrieb er Pamphlete, welche die unreellen Geschäftsmanöver der Herrschenden und Reichen aufdeckte; er deckte den Schwindel auf, der mit den Papieren der Caisse d'escompte[23], der Banque Saint-Charles und den Aktien der Pariser Wasserwerke getrieben wurde. Er hoffte durch diese Enthüllungen die Regierung zu zwingen, ihm ein Amt zu übertragen. Es lastete auf ihm der Verdacht der Käuflichkeit; aber er hat niemals Behauptungen verfochten, die seiner Überzeugung zuwider waren. Er hatte schließlich eine Polemik mit dem Finanzminister Calonne.

Im Januar 1786 reiste er zum ersten Male nach Berlin; es zog ihn wie viele Franzosen an den Hof Friedrichs des Großen, um aus der Nähe das politische Werk dieses Mannes zu studieren. Mit dem Plan einer „*Geheimen Geschichte des Berliner Hofes*" kehrt er zurück. Im Juli 1786 ist er zum zweiten Male in Berlin, diesmal in „geheimer Mission", auf die im Grunde in Paris niemand Wert legt; aber man hatte für gut befunden, diesen gefährlichen Menschen endlich im Auslande zu beschäftigen und ihn nicht länger

---

[22] Ich glaube, dass sie durch nichts ihren wilden Stolz rechtfertigen können.
[23] Zentralbank Frankreichs. Nach der durch John Law verursachten Hyperinflation in der Banque Royale war der Name Bank so kompromittiert, dass man die Bank Caisse d'Escompte, d. h. Rechnungskasse, nannte.

zu Hause als Gegner zu haben. Er hatte jetzt wenigstens einen einflußreichen Freund: Talleyrand.

Die französische Finanzlage verschlimmerte sich inzwischen mehr und mehr. Calonne wußte nicht mehr aus noch ein. Man beschloß, die Notabeln einzuberufen. Das waren sieben Prinzen, 14 Prälaten, 36 Herzöge und Grafen, 12 Mitglieder des königlichen Rates, 38 Abgeordnete der Parlamente, 12 der Provinzialstände und 25 der größeren Städte. Diese Notabelnversammlung war die erste Anerkennung des Notstandes. Mirabeau weiß sofort, was die Glocke geschlagen hat und reist am 19. Januar 1787 von Berlin nach Paris ab. Die halboffizielle Stellung als geheimer Agent befriedigte ihn schon lange nicht mehr. Er hoffte, daß man ihm den Posten eines Sekretärs der Notabeln erteilen werde. Aber man dachte gar nicht daran. Er trug sich ferner mit dem Gedanken, einen Platz im neuen Ministerium Brienne einzunehmen. Auch dies war eine Illusion. Die Verfehlungen seiner Jugend und die aggressive Art, seine Wünsche vorzutragen, standen ihm immer im Wege. Hatte er doch nach Paris etwa der Art geschrieben: „Ich habe es satt, den diplomatischen Unteroffizier zu spielen; ich erwarte, daß man mir endlich ein Ministerium anvertraut." Mit dieser Schärfe schlug er sich selbst die Türe zu. Früher konnte er seine Aktivität nicht entfalten, weil er im Gefängnis saß, jetzt konnte er niemals wirken, als was es auch sei, weil man ihn verschmähte. Er hatte als junger Mensch seinen Einsatz an unwesentliche Launen verschwendet; jetzt bot sich ihm überhaupt keine Chance, seine Talente auch nur irgendwo für sein Vaterland einzusetzen. Es blieb ihm wiederum nichts anderes übrig als die literarische Betätigung seines Talentes. Er geht abermals nach Deutschland, und zwar nach Braunschweig, um dort gemeinsam mit dem Major Mauvillon ein bereits begonnenes achtbändiges Werk über *„Die preußische Monarchie unter Friedrich dem Großen"* zu vollenden. Er wollte mit diesem Werk vom Pamphletisten zum Schriftsteller aufrücken. In einem späteren Kapitel werden wir auf die Verdienste dieses Buches näher eingehen. An seine Freundin schrieb er: „Wenn dieses Werk erscheinen wird, werde ich etwa 38 Jahre alt sein; ich wage zu prophezeien, daß es mir einen Namen machen wird, und es ist möglich, daß mein Vaterland es ein wenig bedauern wird, einen solchen Beobachter müßig gelassen und solche Arbeiten schlecht gelohnt zu haben." Er widmet dieses Buch seinem Vater; dieser macht zwar einige bissige, neidische Bemerkungen, ist aber dennoch begeistert. Er nennt seinen Sohn zum ersten Male ein Genie, und das war er wirklich.

Ende 1787 ist Mirabeau wieder in Frankreich. Mirabeau lechzte nach der Zeit, wo auch das Talent eine Macht sein wird. Ende 1788 bietet er der Regierung an, als ihr Verbündeter in die Generalstände zu treten. Er spricht von einem Plan zur Bewahrung der königlichen Autorität, schreibt von jener schrecklichen Ministerkrankheit, sich niemals entschließen zu können, heute das zu geben, was ihnen am nächsten Morgen unfehlbar entrissen wird. Er erstrebte damit eine Koalition der königlichen Gewalt mit dem Volke gegen die Privilegierten; er wollte die Sache der Monarchie mit der der Demokratie vereinigen. Aber seine Wahl in die Nationalversammlung ist noch immer nicht sicher. Auf seine Kandidatur im Elsaß muß er verzichten. Dies war die erste Folge seiner Publikation der *„Histoire secrète de la Cour de Berlin"* (Geheime Geschichte des Hofs von Berlin), auf die wir in einem späteren Kapitel näher eingehen werden. Diese Handlung, zu der er sich von seinem „génie infernal"[24] hat treiben lassen, hat ihm noch in letzter Stunde die Feindschaft der Männer eingetragen, die dann bis zu seinem Tode gegen ihn intrigierten. In seiner Heimatprovinz kann er nicht gewählt werden, da er nicht Lehensinhaber ist und sein Vater nicht gewillt ist, ihm ein Lehen, das er einmal erben soll, schon jetzt zu geben. Dieses Nein des Vaters ist das letzte Glied in der Kette von Ursachen, die Mirabeau zum Deklassierten gemacht haben. An diesem Vorabend der Revolution ist Mirabeau verärgert, verbittert und wundgerieben durch die zahlreichen Hindernisse, die sich ihm immer wieder entgegenstellen. Nur der dritte Stand akzeptiert ihn sofort mit Begeisterung als seinen Mann. Endlich, zwei Jahre vor seinem Tode, **stellt er sich auf den Platz, den das Schicksal ihm angewiesen hatte**. Wenn er nun wirklich der erste große Gesetzesschöpfer der Revolution wird, obwohl er niemals daran gedacht hat, ein **System seiner Ideen** zu entwickeln, so vor allem, weil die tiefen Leiden und Niederungen, durch die er hindurchgegangen war, einen Menschen geformt hatten, der in diesem Hexenkessel gleichsam über den Dingen stand, der zu unterscheiden verstand, was von der Vergangenheit wertvoll, was für die Gegenwart erforderlich und für die Zukunft wünschenswert war. Mirabeau macht sich aus der Pflicht, seine Heimat als Vertrauensmann des Volkes zu vertreten, ein wohlerworbenes Recht, indem er Hungeraufstände in Marseille und Aix auf geniale Weise beruhigt. Er ist da im größten Stile Patriot. In beiden Städten wurde er gewählt; er nahm in Aix an und kam nach Marseille, um sich zu bedanken.

---

[24] Teuflisches Genie

Vierhundert junge Leute zu Pferde, Fackeln in den Händen, umringten am Abschiedsabend seinen Wagen, den sie mit Lorbeer geschmückt hatten. Er stürzt sich jetzt in seine Tätigkeit mit dem Eifer des Mannes, dessen Tage endlich, endlich gekommen sind. Sofort gründet er ein Journal „*Le Courrier de Provence*", in dem er die Tagesfragen mit außerordentlicher Offenheit bespricht. Noch immer versucht man, seine Stellung zu erschweren und streut Mißtrauen gegen ihn aus. Wenige Monate vor seinem Tode erreicht er, der zeitlebens nach Erfolg und Würden gestrebt und nie eine erlangt hatte, noch die höchste, die die Nation zu erteilen hatte. Er wurde für die erste Februarhälfte 1791 zum Präsidenten der Nationalversammlung gewählt. Dies war endlich die Aufhebung der Deklassierung, die Rehabilitation, und er griff gierig danach, um zu zeigen, was er leisten konnte, was er schon längst hätte leisten können. Sein Arbeitseifer, seine Unparteilichkeit und Geistesgegenwart steigern noch den Ruhmesglanz in einer Stellung, in der die meisten seiner Vorgänger gescheitert waren. Jedoch auch die Befriedigung seiner Eitelkeit und seines Luxusbedürfnisses genoß Mirabeau, als er kraft seines Talentes etwas geworden war und der König ihm eine reichliche Pension ausgesetzt hatte, mit der Glut eines Mannes, der sich für lange Leiden entschädigen will. Aber seine Gesundheit war elend; er fühlte sich langsam sterben. In einem Gespräch mit seiner Schwester Madame de Cabris sagt er selbst, er wolle sich von den Staatsgeschäften zurückziehen, sobald er seine ihm vom Schicksal zugewiesene Aufgabe: die der Konsolidierung des neuen jungen Frankreich gelöst habe. Er arbeitet absichtsvoll seinem Sterbeakt entgegen. Er zeigt noch einmal seine prophetische Gabe, sein Selbstbewußtsein und sein Schauspielertum mit der antik-heroischen Pose. „Feiert man schon das Leichenbegängnis Achills? Heute sterbe ich; jetzt bleibt nur noch eins zu tun übrig – sich zu salben, sich mit Blumen zu kränzen und unter den Klängen von Musik auf angenehme Weise in den Schlaf einzugehen, aus dem man nicht mehr aufwacht." „Nun", sagt er zu La Marck, „Sie verstehen sich doch auf schöne Todesarten. Sind Sie befriedigt?"

Prophetisch waren die Worte, die er zu Dumont sprach: „Wenn ich nicht mehr sein werde, wird man wissen, was ich wert war. Das Unglück, das ich aufgehalten habe, wird von allen Seiten auf Frankreich hereinstürzen: jene verbrecherische Partei, die vor mir zittert, wird keinen Zügel mehr haben. Ich habe nichts als künftiges Unglück vor Augen ... Eine Partei von verworfenen wird alle beherrschen und Frankreich mit Greueln überschütten."

Mit den höchsten Ehren wurde er als Erster im Pantheon bestattet. Auf Beschluß des Convents wurden die Gebeine Mirabeaus des Platzes für unwürdig erklärt. Der Beschluß wurde gefaßt, da es keinen großen Mann ohne Tugend gibt.

VIII. Mirabeau, die Frauen, die Frauenfrage

Welche Rolle haben nun tatsächlich die Frauen in Mirabeaus Leben gespielt? Es gelang ihm, alle Frauen zu gewinnen, ausgenommen seine eigene, so berichtet Henriette Herz. Ist es auch nur einer seiner Weggenossinnen gelungen, seinen Charakter zu beeinflussen, zu formen? Welches war schließlich Mirabeaus Ansicht von der Frau? Nach der vorangegangenen Darstellung mag es vielleicht scheinen, als wenn seine Liebe zu Frauen ihn in sein Verhängnis getrieben hätte. Aber hat er wirklich auch nur eine einzige Frau geliebt in dem Sinne, daß wir von einer erotisch-geistigen Verbindung sprechen dürfen?

Seine Ehe begann mit einem Betrug. Seine Abenteuernatur trieb ihn dazu, die Mitbewerber auszustechen, und er hat dies in undelikatester Weise erreicht. Das junge Mädchen war schließlich derart bloßgestellt, daß die Eltern froh waren, ihre Tochter überhaupt noch zu verheiraten. Es ist auf dieser schiefen Basis auch niemals zu einer geistig-seelischen Beziehung der Ehegatten gekommen. Der kalte Ton ihrer gelegentlich gewechselten Briefe legt davon ein beredtes Zeugnis ab. Madame de Mirabeau schreibt an ihren Gatten in dritter Person. Sie betrügt ihren Mann ohne Reue, ist nicht gewillt, seine Gefängnishaft mit ihm zu teilen noch mit ihm ins Ausland zu gehen. Als er von der Kerkerhaft befreit ist, weigert sie sich, die eheliche Gemeinschaft aufzunehmen und strengt die Ehetrennungsklage an. Ihr kleiner Sohn starb frühzeitig; beiden Eltern hat dieser Tod keinen Schmerz bereitet; beide hatten sich durch das Kind niemals zu einem gemeinsamen Willen verpflichtet gefühlt. Erst als Mirabeau der große Staatsmann geworden war, sucht Madame die Fäden wieder anzuknüpfen, jedoch vergeblich. Mirabeau hat diese Frau gehaßt, wie aus zahllosen Briefstellen an Sophie hervorgeht, er klagt sie für sein Unglück an. Aber wir müssen objektiv feststellen, daß er sich selbst dieses Leid geschaffen hat durch seine Abenteuerlust und seine maßlose Lebensgier. Er konnte nicht einen Tag ohne Frauen leben, und sie erlagen alle dem Zauber seiner Rede. Als Madame de Staël vom Balkon aus der Rede zuhörte, die Mirabeau gegen ihren Vater, den Finanzminister Necker, hielt, war sie zunächst von Unmut und Abscheu erfüllt, aber bald wich diese Stimmung einer hemmungslosen Begeisterung, und zum Schluß lehnte sie sich über die Balkonbrüstung und klatschte wie besessen Beifall. Von dem Charme seiner Erscheinung und seiner Rede schreibt auch Rahel Varnhagen. „Für Wahrheit, durch Wahrheit schlug sein Herz. Ewig Heil seiner Seele", so Rahel an ihren Mann.

Wenn also Frauen von Namen und Bedeutung sich diesem persönlichen Zauber nicht verschließen konnten, so ist es nur allzu leicht verständlich, daß Sophie von Monnier, die junge Frau eines Greises, ihm sofort erlag. Aber was hat Mirabeau in ihr gesucht? Was trieb ihn in dieses unheilvolle Abenteuer? Was bedeutet überhaupt Eros im Zeitalter des Rokoko? Liebe bedeutet damals Verlangen und Lust. Lust ist der Zauber, die Seele dieser Epoche. Nichts überlebt dieses Jahrhundert des Weibes, was die Wollust nicht geschaffen hat. Verführerisch, aufreizend ist ihre Kleidung. Die Braut heiratet, um die Fesseln elterlicher Bevormundung abzustreifen, um sie gegen die Freiheit des Ehelebens zu vertauschen. Denn erst in der Ehe beginnt sie eine Rolle zu spielen. In der ersten Zeit liebt sie ihren Gatten in natürlicher Unschuld, sie betet ihn beinahe an. Er läßt sich ihre Hingabe gutmütig gefallen. Doch bald weist man sie darauf hin, daß sie sich mit dieser Simpelei wahrhaft lächerlich mache. Der galante Gatte gibt ihr selbst seinen Rat: „Nehmen Sie einen Geliebten, Madame, und Sie werden mir gefallen, liebe Freundin." So besucht sie wieder Gesellschaften und wird von liebenswürdigem Geplauder, Zweideutigkeiten, Anekdoten empfangen. Die Leichtigkeit des Treffens, ihre Verführungen, Sitten sind gegen die Frau verschworen. Wenn der Kavalier sagt: „Ich liebe dich", so bedeutet dies: „Ich begehre dich." Von Schmachten und Ängstlichkeit ist nicht die Rede. Die Zeit der großen Leidenschaften und Gefühlsseligkeiten ist vorüber. Respekt vor der Frau? – eine Beleidigung für ihre Reize, eine Lächerlichkeit für den Mann. Ohne Widerstand gibt sich die Frau der Liebe hin. Glücklich, sich zu besitzen; entzückt, sich zu meiden. Nur kein Morgen in der Liebe! Nur im körperlichen Genuß liegt das Glück. Mit ihrem Geist beherrscht die Frau das 18. Jahrhundert. Sie gebietet bei Hofe und im Hause. Sie diktiert die öffentliche Meinung. Sie entscheidet über politische Affairen, über die günstige oder ungünstige Aufnahme eines literarischen Werkes; durch sie steigt oder fällt der Kavalier, der Dichter, der Philosoph. Sie besaßen das Geheimnis zum erfolgreichen Leben: Verführung des Menschen und Beredsamkeit. Alles durch sie, nichts ohne sie.

Doch schließlich vermochte dieses schillernde Leben die Frau nicht zu befriedigen. All die gesellschaftlichen Vergnügungen, ihre Triumphe in der Liebe, in der Staatskunst, der Literatur, der Philosophie füllten ihr Leben nicht aus. Talleyrand sagte: „Tout le monde jetait des mots d'esprit, mais personne ne songeait à les ramasser."[25] Die Gabe des Geistes wurde entwertet, weil man sie wahllos verschwendete. So wird das Tun und Treiben der Damen und Edelmänner des 18. Jahrhunderts spielerisch und flatterhaft. Das Herz ist bei allen unbeteiligt, man langweilt sich gründlich. Die Liebe bringt nicht mehr Erfüllung, nur Unersättlichkeit. So sehnt man sich nach etwas Neuem. Naturwissenschaften, medizinische Kurse sind plötzlich Trumpf. Von den Naturwissenschaften war es dann nur ein kleiner Schritt zum Naturgefühl und zu tiefer Leidenschaft in der Liebe. Rousseau wird nun die große Mode. Auch Mirabeau und Sophie machen diese Mode mit. Nicht daß die adligen Damen und Herren die sich oft widersprechenden Maximen Rousseaus gebilligt oder auch nur ernsthaft diskutiert hätten. Die Frauen des 18. Jahrhunderts, die eine so beherrschende Stellung in der Gesellschaft einnahmen, hätten niemals Grundsätze gebilligt, wie etwa folgende: „wenn die Frau die Bestimmung hat, dem Manne zu gefallen und sich ihm zu unterwerfen, so muß sie sich ihm angenehm machen" oder „die ganze Erziehung der Frauen soll sich um die Männer drehen" oder „wenn sich die Männer schon im allgemeinen auf das Studium nützlicher Kenntnisse beschränken sollen, so gilt dies für die Frauen in noch höherem Maße." Oder „Abhängigkeit ist den Frauen ein natürlicher Zustand, und schon die Mädchen fühlen, daß sie zum Gehorchen geboren sind", „die Frauen sollen nur einen geringen Grad von Freiheit haben. Ist der Zwang zur Gewohnheit geworden, so entsteht daraus eine Fügsamkeit des Geistes, welche den Frauen ihr ganzes Leben hindurch von Nutzen ist."

Über diese Ungereimtheiten hat man sich nur weidlich lustig gemacht. Aber zu einem neuen Wert erhoben wird die große Leidenschaft, die Hingabe an das Gefühl. Nicht immer hat diese Hingabe den Frauen Glück gebracht und besonders Sophie von Monnier nicht. Sie zerbrach an dieser verzehrenden Leidenschaft und beschloß ihr Leben in einer Ehe, die sie nicht befriedigte, in Tränen und mit Selbstmord. Es wird von Sophie berichtet, daß sie nicht einmal besonders hübsch gewesen sei, von unbedeutendem Gesichtsausdruck, schüchtern, linkisch, unbeholfen im schriftlichen Ausdruck, fast ungebildet. Was anders konnte also Mirabeau verlockt und getrieben haben als seine Unersättlichkeit im plattesten körperlichen Genuß. Für ihn war das Spiel mit der großen Liebe nur ein Reiz mehr. An wen anders hätte er vom Kerker seine glühenden Liebesbriefe schreiben sollen,

---

[25] Alle Welt wirft mit geistreichen Worten um sich, aber niemand denkt daran, sie zu sammeln.

wenn nicht an seine Leidensgefährtin: Gewiß finden sich darin manche echte Herzenstöne, er brauchte einen Menschen, dem er sich restlos mitteilen konnte, und es war niemand anders da als Sophie. Auch mag die Naivität, ja Einfalt dieser Frau den durch eigene Bildung übersättigten Mann gereizt haben. In Erinnerung an Rousseau lobt er ihre Natürlichkeit und Einfachheit. (1.4.1779) „So ist Sophie, und so sind ihre Briefe. Ihr Stil ist nie reich; aber er trifft immer auf das zu, was gesagt wird, weil sie immer fühlt, was sie sagt. Daher der ehrliche Ausdruck, die seelische Feinheit, die energische Einfachheit, die zum Herzen geht, ihm Freude, Sehnsucht und Liebe mitteilt." Er streut all seine Gedanken in diese Briefe, um sich selbst Klarheit über die Fülle der widerstreitendsten Gedanken und Gefühle zu schaffen, die seine Brust durchziehen. Aber all diese Briefe sind Monologe. Es ist nirgends festzustellen, daß er auch nur ein einziges Mal auf eine Anregung Sophies eingeht; es ist halt auch von ihrer Seite niemals eine Anregung ausgegangen. Sie berichtet nur von ihrem Kummer, ihrem Befinden, von ihrer schrankenlosen Liebe, aber es ist nirgends eine Idee, nirgends eine Spur von Selbstbewußtsein; denn sie hatte gar keines. Er hatte sie allerdings in dem Wahne gelassen, daß Aufopferung bis zur Selbstentäußerung das Höchste und Schönste sei, was eine Frau einem Manne zu geben habe. Er schließt einen seiner zahlreichen Briefe: „Fürchte nicht, daß Gabriel, der sich von einer so hohen Liebe geliebt weiß, je für den Ehrgeiz, für Ehrenstellen, für irgendeinen Wunsch empfindlich sein könne, als für den, dich zu besitzen. Sein einziger Zweck, die Absicht seines Daseins, der Gegenstand aller seiner Bemühungen wird die Vereinigung zweier Hälften sein, welche die Tyrannei abgesondert hat, die aber nur der Tod trennen kann." Gleichwohl zögert er nicht, noch vom Kerker aus Beziehungen zu einer anderen Frau anzuknüpfen – siehe die Briefe an Julie Dauvers – und schließlich opfert er sie unbedenklich für seine Freiheit, der Briefwechsel schläft sehr bald völlig ein; es ist nicht einmal ein rein menschliches Interesse für die Genossin seines Unglücks übrig geblieben. Sie verschwindet so spurlos aus seinem Leben, als wenn niemals ein gemeinsames Band zwischen ihnen bestanden hätte. Wohl hatte er sich aufrichtig über die Geburt ihrer Tochter Gabriel-Sophie gefreut; aber wieviel kälter ist schon der Brief, den er Sophie nach dem Tode der kleinen Tochter schreibt, um sie zu trösten. Danach erlahmt das Interesse an Sophie nach und nach, um so mehr, als sich allmählich ihm die Aussicht eröffnet, die Freiheit zurückzuerlangen. Als er vor Gericht jede Beziehung zu Sophie leugnet, war sie auch wirklich aus seinem Innern ausgelöscht. Es war ihr nie gelungen, an seinem Charakter zu formen oder seine Seele zu veredeln. Aber sie war eben auch ohne jedes Format und mußte an diesem Herkules zerbrechen. An Stelle einer Seele trug Mirabeau einen Spiegel in seiner Brust, in den er die Eigenschaften hineinsah, die er gerade an sich zu sehen wünschte. Er hat sich Sophie gegenüber gerühmt, daß er wohl schon dreihundert Frauen besessen hätte; sie ist ihm leider nicht mehr als irgendeine dieser dreihundert Frauen gewesen. Nun wird es uns verständlich, daß diese zärtlichen Liebesbriefe zum Teil seitenlang aus zeitgenössischen Romanen abgeschrieben sind. Diese Briefe sind vielmehr ein Produkt seiner durch die Kerkerhaft erregten Sinne als ein Bekenntnis seines Herzens.

Die Briefe an Julie Dauvers sind an eine Frau gerichtet, die er niemals in seinem Leben gesehen hat. Sie war die Freundin des Herrn de la Fage, der seinerseits intime Beziehungen zur Prinzessin Lamballe unterhielt. Er hoffte durch diesen Briefwechsel Verbindungen bei Hofe anzuknüpfen. Nicht einer der liebenswürdigen Sätze galt der Mlle. Julie. Mirabeau handelt absolut als Cyniker, solange er sich mit der unbekannten Mademoiselle befaßt. Es war ihm niemals etwas an ihr gelegen. Sie sollte ihm nur Brücke sein. Er gibt den Briefwechsel auf, als er merkt, daß er dadurch seinen Zweck nicht erreicht.

Die einzige Frau, die ihm wenigstens Achtung abgezwungen hat, ist Henriette-Amélie van Haren, Mme de Néhra genannt. Als Mirabeau sie kennen lernte, wohnte sie als freie Pensionärin in einem französischen Kloster. Ganz gegen seine Gewohnheit mußte er monatelang um sie werben, bis sie sich entschloß, ihr ruhiges Leben für ihn aufzugeben. Sie ist die einzige Frau, von der er gesagt hat: „Ich bin ihrer nicht wert." Nicht Verliebtheit, sondern Mitleid mit dem rastlosen Unbehausten hatte ihren Entschluß bestimmt. Er war so völlig verlassen und von seinem Dämon gequält, daß sie die Verpflichtung fühlte, sich für ihn opfern zu müssen, um etwas wie ein Heim, Freundschaft, Wärme, Ruhe zu schaffen. Sie verkauft die Pferde, entläßt die Diener bis auf einen, bessert die Wäsche aus und trägt die Geschenke, mit denen er sie überschüttete, heimlich zum Juwelier zurück. Sie veranlaßt ihn, eines seiner unehelichen Kinder in sein Haus zu nehmen und zu adoptieren; es ist dies Lucas de Montigny, der spätere Herausgeber der „*Memoiren Mirabeaus*". Es war ein stilles, sanftes Kind, dankbar für die Zärtlichkeiten der Pflegeeltern, da es lange vernachlässigt worden war. Aber Mirabeau behauptet, dieser Knabe habe eine „wilde Seele". Er stahl für dieses Kind die reizendsten und drolligsten Einfälle dem Kindermund anderer Kinder, um sie seinem Sohn in den Mund zu legen. Mme. de Néhra begleitet Mirabeau nach England, sorgt dafür, daß er bei seiner Rückkehr nach Frankreich keine lettre de cachet zu befürchten hat, sie schafft ihm den würdigen, gesellschaftlichen Rahmen bei seinen Aufenthalten in Deutschland, besonders in Berlin. Wenn sie voneinander getrennt sind, so schreibt sie ihm trotz inständiger Bitten immer nur sehr kurz; aber jede Zeile ist getragen von innerer Festigkeit, und auch ihn zwingt dies zu einem maßvollen Ton seiner Briefe an sie. In der Sammlung der *Revue Bleue* sind uns diese „*Lettres à Yet-Lie*" (Briefe an Yet-Lie) (Henriette-Amélie) erhalten. Diese Briefe strotzen nicht mehr von überquellenden Phrasen, sondern sie berichten über wesentliche Eindrücke wie z. B. von der Audienz bei Friedrich dem Großen und dem politischen Werk dieses Fürsten. Mirabeau achtete Mme de Néhra, er ist dank ihrer Besonnenheit nicht mehr gestrauchelt. Durch den wohltätigen Einfluß ihres Charakters gelangt Mirabeau dazu, die Glückserfüllung seines Lebens nicht mehr nur durch sich selbst, sondern durch Hingabe seiner Persönlichkeit an den Staat zu finden. Als Beweis dient uns einer seiner Briefe, in welchem sie den Umstand erwähnt, sie habe sich Mirabeau gegenüber verzagt, über ihre nächste Zukunft ausgesprochen angesichts des chronischen Geldmangels, und er habe geantwortet: die Sorge um den eigenen Haushalt sei völlig irrelevant bei dem Elend der Staatsfinanzen. Nur Gedanken zur Rettung des Staates seien von Wert. Damit hängt es aber auch zusammen, daß von nun an Frauenverehrung in seinem Leben eine immer geringere Rolle spielt und er die charakterfeste sanfte, blonde, zierliche Madame de Néhra, seinen niedersten Impulsen folgend, für die passagere Liebschaft mit der Frau seines Buchhändlers eintauscht. Dies war am Vorabend der Revolution; Mme de Néhra verließ sein Haus und Frankreich, als es von seinem Ruhm zu klingen begann. Sie hat solange schützend ihre Hand über ihn gehalten, bis er ihrer nicht mehr bedurfte. Sie hat die von ihr freiwillig übernommene Verpflichtung, ihm im Glück und Unglück zu Diensten zu sein, wirklich treu erfüllt.

Die Liebschaft mit der Frau des Buchhändlers wurde bald von andern abgelöst; Tänzerinnen und Schauspielerinnen bieten ihm Entspannung nach arbeitsreichen Tagen, aber auch nicht mehr. Keine Frau ist ihm im Grunde innerlich nahe gewesen; es ist zumeist nur die krasseste Befriedigung seiner Bedürfnisse. Mirabeau hatte zur Frau kaum mehr Beziehung als Montesquieu, der sich in seinem berühmten Werk „*De l'Esprit des Lois*" mit den Frauen auch nur auseinandersetzt, weil die Erde ohne diese Geschöpfe nun einmal nicht zu denken ist; er ist der Ansicht, daß das Glück der Menschheit tatsächlich am größten sei, wenn diese seltsamen Gebilde eingeschlossen lebten. Nur in Ländern eines kälteren Klimas, das ein harmonischeres Temperament der Frauen gewährleistet, können man von ihrer Einschließung absehen. Im Buch 23 *„Des lois, dans le rapport qu'elles ont avec le nombre des habitants"* (Über die Gesetze, im Verhältnis, das sie mit der Zahl der Einwohner haben) Kap. IX. *„Des filles"* (Über die Mädchen) S. 81 schreibt der erlauchte Montesquieu:

„Les filles, que l'on ne conduit que par le marriage aux plaisirs et à la liberté qui ont un esprit qui n'ose penser, un coeur qui n'ose sentir, des yeux qui n'osent voir, des oreilles qui n'osent entendre; qui ne se présentent que pour se montrer stupides; condamnées sans relâche: ce sont les garçons qu'il faut encourager."[26]

Es ist allerdings kein Wunder, wenn in der französischen Revolution die Frauen eine so geringe Rolle spielen, da ihre erhabensten Wegbereiter sich diesem Problem gegenüber so hilflos verhielten. Den Begriff der mit dem Manne für die Befreiung der Menschheit kämpfenden Kameradin kennt Mirabeau überhaupt nicht. Bei Diderot hätte er Anregungen zu der kameradschaftlichen Auffassung finden können; aber dieser verwahrte seine fortschrittlichen Schriften ängstlich im Schreibtisch. In seiner Schrift über die *„Nationalerziehung"* lehnt Mirabeau eine Beteiligung der Frau am öffentlichen Leben rundweg ab. Denn „indem man sie zu Mitherrschern macht, entzieht man ihnen die Herrschaft." Für das Werk Katharinas hat er überhaupt kein Verständnis, und er schreibt aus dem Donjon de Vincennes: „Cathérine met en contribution tous les beaux esprits de son siècle pour écrire en phrases pompeuses ce qui ne fut jamais dans son coeur, ce que démentent chaque jour son administration et sa conduite."[27] Ganz in Rousseau'schen Gedankengängen befangen, wünscht er, daß sie nur als Mütter, Gattinnen, Vorsteherinnen des Hauswesens eine Rolle spielten. Dort allerdings solle man häufig ihren Rat einholen. Im übrigen sollten sie so wenig wie möglich das Haus verlassen. Der primitivste Unterricht im Schreiben und Rechnen genüge vollständig zu ihrer Bestimmung, die da sei, zu gebä-

---

[26] Die Töchter, die man nur zur Hochzeit, zu Vergnügungen und zur Freiheit fuhrt, die einen Geist haben, der nicht zu denken wagt, ein Herz, das nicht zu fühlen wagt, Augen, die nicht zu sehen wagen, Ohren, die nicht zu hören wagen, die sich nur präsentieren, um sich beschränkt zu zeigen, die unablässig verdammt sind: das sind die Jungen, die man ermutigen muss.
[27] Katharina versammelt alle Schöngeister ihres Jahrhunderts, um in schwülstigen Sätzen zu schreiben, die sie niemals in ihrem Herzen realisiert hatte, die jeden Tag ihre Regierung und ihre Führung Lügen strafen.

ren und die Kinder zu pflegen. Es ist wirklich merkwürdig, daß ein Mirabeau imstande sein konnte, derart primitive Ansichten über die Frauenerziehung zu äußern! Hundert Jahre vor ihm nimmt Fénélon denn doch viel vernünftiger zu dieser Frage Stellung. Auch Fénélon wünscht keine précieuse ridicule[28]. Die Frauen mögen davon Abstand nehmen, sich mit Politik, Militärwissenschaft, Philosophie und Theologie zu befassen. Sie sind für maßvolle Beschäftigungen geschaffen. Körper und Geist der Frauen sind weniger stark und widerstandsfähig als bei den Männern. Aber zum Ausgleich hat die Natur ihnen Fleiß, Eigenheit und Wirtschaftlichkeit gegeben. Je schwächer die Frauen sind, um so wichtiger ist es, sie zu stärken. Denn sie haben Pflichten zu erfüllen, die die Grundlage des ganzen menschlichen Lebens bilden. Ja, gewiß ist die Frau für das Haus geschaffen. Aber eben die Frauen ruinieren ein Hauswesen oder halten es aufrecht; sie haben jede Einzelheit im Haushalt zu regeln. Daher haben die Frauen den Hauptteil an guten und schlechten Sitten in der ganzen Welt. Eine urteilsfähige Frau ist die Seele des Hauses. Die Welt ist kein Fantôme, sie basiert auf der Familie. Die Tätigkeit der Hausfrau ist für das öffentliche Wohl genau so wichtig wie die der Männer, da sie ein Hauswesen in Ordnung halten, den Gatten beglücken und die Kinder gut erziehen müssen. Ganz abgesehen von dem Segen oder Schaden, den sie dem öffentlichen Wohl stiften können, machen sie außerdem die eine Hälfte der Menschheit aus – was Mirabeau völlig vergißt. Schließlich, fährt Fénélon fort, sollte man bedenken, was – außer dem Segen, den guterzogene Frauen spenden – für Schaden in die Welt kommt von unerzogenen Frauen. Es ist evident, daß die schlechte Erziehung der Frauen mehr Unheil anrichtet als die der Männer, da das Versagen der Männer sowohl auf die schlechte Erziehung durch die Mütter als auf die verderblichen Leidenschaften, die andere Frauen ihnen im vorgerückten Alter einflößen, zurückzuführen ist. Wieviel Intriguen, Gesetzes- und Sittenverletzungen, blutige Kriege, Staatsumwälzungen werden durch haltlose Frauen verursacht. Dies alles beweist die Notwendigkeit einer sehr sorgfältigen Erziehung der Mädchen. Denn die schlecht erzogenen Mädchen leiden an ausschweifender Phantasie. Fénélon schildert dann eingehend, mit welchen Mitteln man einen natürlichen, festen Charakter zu bilden habe, welche Charakterfehler zu bekämpfen sind, womit Mirabeau sich überhaupt nicht befaßt; Mirabeau beschränkt sich in seinen Anweisungen auf Lesen, Schreiben, Rechnen. Sehr ausführlich bespricht Fénélon die religiöse Erzie-

---

[28] Lächerliches Püppchen

hung, worauf Mirabeau trotz Rousseau niemals eingeht, da er im Stile der Materialisten nur die Mißbräuche der jesuitischen Erziehung geißelt. Fénélon fordert: Bringt den Mädchen gründliche Menschenkenntnis bei; denn sie müssen als Hausfrauen anständige Gehilfinnen im Hause anstellen. Sie bestimmen den Ton im Hause. Außer Lesen, Schreiben, Rechnen sollte sie Geschichte, Latein, Literatur, Musik mit Vorsicht und Malerei studieren, die Hauptgrundsätze des Rechts kennen lernen. Sie sollten unterscheiden können zwischen Testament und Schenkung, Kontrakt, Erb- und Eherecht; sie sollten Bescheid wissen mit den Details einer Prozeßführung; denn dies wird sie davor bewahren, sich leichtfertig in einen Prozeß verstricken zu lassen. Sie sollten imstande sein, ihr Gut und Vermögen selbst zu verwalten, sollten Schulen auf dem Lande leiten, die Krankenpflege organisieren. Mirabeau dagegen erklärt das juristische Studium überhaupt für überflüssig, nachdem die glorreiche Revolution allen Bürgern gute Gesetze gegeben habe und die Beschäftigung mit der Jurisprudenz nur dazu führen könne, das Unrecht durch eine Hintertür wieder einzuschmuggeln. Eine wahre Vogel-Strauß-Politik. Sollte es etwa ein Gesetz sein, daß alle Revolutionäre nach erreichtem Ziel im Eiltempo verspießern? Es fehlt Mirabeau die Erkenntnis, daß man bei dem Erreichten nicht stehen bleiben darf, da wir sonst in einen neuen Zustand der Erstarrung hineingeraten, der lebensfeindlich wird. Mirabeau hält es für ausgeschlossen, daß eine durch Erziehung dem Manne gleichwertige Frau die Kraft haben könne, einen heilsamen Einfluß auf den sozialen Fortschritt oder die Art der Gesetzgebung auszuüben. Gewiß haben sie Geist, Grazie, Einbildungskraft; er selbst schätzt die Unterhaltung mit der schönen und klugen Frau; aber ihr Reich sei das Haus und nicht die Welt. Mirabeau, der Sohn des Hochadels, verachtete die anspruchsvollen, kapriziösen und sehr geistreichen Weltdamen. Er war übersättigt und sehnte sich im Stile Rousseaus nach Natürlichkeit und Bürgertugenden; er schreibt daher am 9.10.1779 an Sophie: „Du siehst, daß man bei den schönen Damen auf nichts zählen darf und daß man sich schon in eine kleine dumme Provinzdame wie dich verlieben muß, wenn man töricht genug ist, Bourgeoistugenden wie Treue, Standhaftigkeit und Dankbarkeit zu lieben; die großen Damen gähnen nur darüber." Wobei hinzuzufügen ist, daß Mirabeau im Grunde genau so wie die großen Damen über Bourgeoistugenden gähnte. Er nennt die Frau „êtres sans charactères échappant à tout ordre, à toute combinaison."[29] Es ist leichter den Lauf eines Kometen zu bestimmen,

---

[29] Wesen ohne Charakter, die sich jeglicher Ordnung und System entziehen

als die Herzens- und Geistesregungen und die Eigenliebe einer Frau. Es darf an dieser Stelle nicht unberücksichtigt bleiben, daß Mirabeaus Mutter eben außer ihrer Sinnlichkeit keine remarkablen Eigenschaften besaß, sich mit der Erziehung ihrer Kinder nicht befaßte und daß Mirabeau im Prozeß der Eltern bald auf der Seite des Vaters, bald auf der Seite der Mutter stand. Die Haltungslosigkeit und Schwäche der Mutter waren nicht geeignet, dem Sohne Achtung vor dem weiblichen Geschlecht einzuflößen. Zwar lagen ihm alle Frauen zu Füßen, aber seine eigene hat er niemals gewonnen. Vielleicht hat diese Niederlage es verschuldet, daß er die Frauen nur als Werkzeuge seiner Gier betrachtete und sich gleichzeitig ihnen ständig unterlegen und zu ihnen hingezogen fühlte. Wir können jedenfalls diesen Standpunkt niemals billigen, der die Unfreiheit der Frauen zum Gesetz erhebt, der an der Schwelle der Freiheit die eine Hälfte des Menschengeschlechtes sans façon[30] davon ausschließt, und dies nachdem Mirabeau sein ganzes Leben lang gegen die Unterdrückung der Menschheit geschrieben und sich nach ihrer Befreiung gesehnt hatte. Wir erkennen da nur allzu deutlich, daß er in die Situation des Revolutionärs nur hinein getrieben wurde, er diese Rolle aufgriff, um überhaupt noch eine zu spielen, sie zwar genial spielte, aber mit halbem Herzen.

---

[30] Ohne Umstände

IX. Mirabeau als Schriftsteller

Eine ganze Kette von unglücklichen Umständen und Verfehlungen hatte also dazu geführt, daß Mirabeau sein politisches Talent den größten Teil seines Lebens in Schriftstellerei umsetzte. Von den reinen Pamphleten wollen wir hier völlig absehen. Es bleibt auch dann noch eine ansehnliche Serie von Schriften übrig, die einer eingehenderen Betrachtung wert ist. Zwei historisch-soziologisch-ökonomische Werke ausgenommen und zwar die „*Monarchie prussienne*" (Die preußische Monarchie) und die „*Histoire secrète de la Cour de Berlin*" behandeln sie alle das eine große Thema, welches alle großen Köpfe des 18. Jahrhunderts bewegt, die Brandmarkung der Mißbräuche des ancien régime, die Vergewaltigung des Rechts, der Presse, die Machenschaften der Finanzkreise, die Knebelung der persönlichen Freiheit etc.

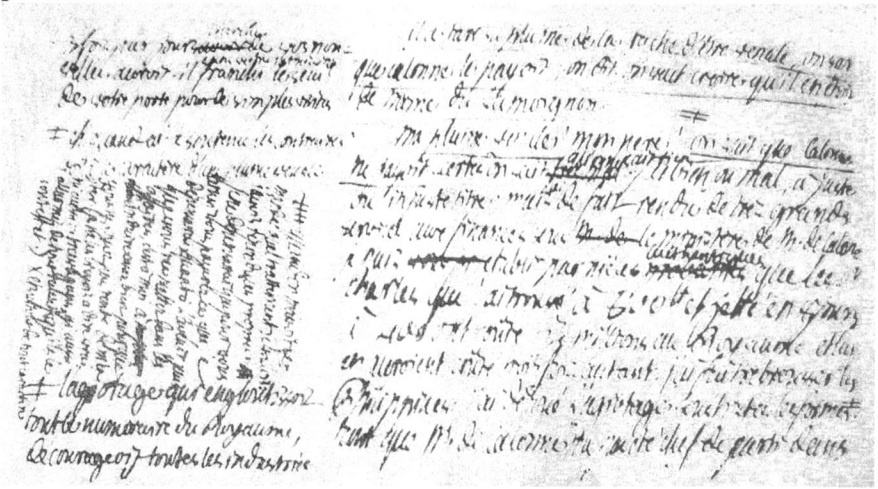

Mirabeaus Handschrift

Eine Gewalt besonders hatte Mirabeau früh und oft am eigenen Leibe spüren müssen, die Gewalt der Gerichte; im ganzen waren 17 lettres de cachet gegen ihn ausgebracht worden. Was hatte es mit diesen lettres de cachet für eine Bewandtnis? Die Justiz von damals ist mehr als Klassenjustiz; sie ist Cliquenjustiz. Man erledigte seine strittigen Angelegenheiten, wenn man adlig war auf privatem Wege, indem man seine Beziehungen ausnützte, seine Wünsche vortrug. Der Staat war Anwalt zur Bewahrung adliger Vorrechte, der König und seine Beamtenschaft bereit und beinahe verpflichtet zur Gewährung von persönlichen Gefälligkeiten – so lernte Mirabeau sie kennen. Auch für die allgemeine Entwicklung ist die Willkür in der Rechtspflege und im Strafvollzug sehr wichtig. Sie ist eine der Ursachen der großen französischen Revolution, als deren Beginn bis zum heutigen Tage die Erstürmung der Bastille und die Befreiung ihrer Insassen gefeiert wird. Zur Zeit Ludwig XVI. war es zwar nicht mehr üblich, einen Menschen zu köpfen, dazu war der König zu „gut", wie man sagte. Aber er konnte einen Menschen durch eine lettre de cachet ins Gefängnis werfen lassen und einfach vergessen. Es gab in Frankreich etwa 20 Bastillen. In Paris gab es vor der Revolution etwa 30 Gefängnisse, in die man ohne Urteil eingeschlossen werden konnte. Als Ergänzung kamen noch einige Klöster hinzu. Alle Staatsgefängnisse standen zur Zeit Ludwigs XVI. unter der Leitung der Jesuiten. Sie waren die Marterwerkzeuge für Jansenisten und Protestanten. Die Vergessenheit des Grabes umgab dies alles. Aus diesen Verliesen kam man manchmal heraus mit Ohren und einer Nase, die die Ratten abgenagt hatten. Als man mit den Protestanten fertig war, griff man zu den Jansenisten, dann zu den Literaten und Philosophen wie Voltaire, Diderot, Rousseau. Diese lettre de cachet wurden in blanco an die Intendanten verteilt. Verschwenderisch ging man um mit dem teuersten Gut der Menschheit, der Freiheit. Diese lettres de cachet waren der Gegenstand eines einträglichen Handels. Man verkaufte sie an Väter, die ihre Söhne einsperren wollten. Man gab sie an Frauen, die sich durch ihre Männer geniert fühlten. Dieser Einschließungsgrund war sehr häufig. Dies alles aus „Güte". Der König war zu „gut", um eine lettre de cachet zu verweigern. Der Intendant war zu gut, um nicht einer bittenden Dame eine zu bewilligen. Diese schrecklichen Verordnungen verlieh man aus Liebenswürdigkeit, aus Rücksicht, aus Höflichkeit. Lebendig begraben; denn die Sorglosigkeit, Leichtfertigkeit dieser liebenswürdigen Staatsdiener, die fast alle adlig, Herren der Gesellschaft und mit ihren Vergnügungen beschäftigt waren, war so groß, daß sie, wenn der arme Teufel erst einmal eingeschlossen war, nicht mehr Zeit hatten, an seine Angelegenheit zu denken. Kein Wunder, daß eines der ersten politischen Werke Mirabeaus den Titel trägt: *„Des lettres de cachet et des prisons d'Etat"* (Über Verhaftungsbefehle und die Gefängnisse des Staats). Er bespricht in diesem Buche die Beziehungen der lettres de cachet zum droit positif[31], zum droit naturel[32], zur Gesellschaft, zu den Prinzipien des droit naturel. Ein weiteres Kapitel ist der Bildung der Gesellschaft gewidmet, die notwendigen Grundlagen und Bedingungen für die Bildung einer menschlichen Gesellschaft werden beschrieben. „Le respect des propriétés, ou la justice fondée sur la sensibilité physique, l'amour de soi et la raison, impérieusement exigée par notre nature, indépendamment de tout système religieux, est le premier titre qui lie les hommes, et le seul point de reunion nécessaire à la société."[33] Sobald Mirabeau in dieser Schrift philosophisch wird, bezieht er sich immer auf Rousseau (*Émile* oder *Contrat social*), oder er zitiert ihn einfach der Bequemlichkeit halber. Mirabeau hat niemals ein eigenes philosophisches oder politisches System gebaut; aber er ist ein geschickter Redakteur fremder Gedanken, und so sind auch in den *„Lettres de cachet et des prisons d'Etat"* die klarsten Sätze die, welche er wörtlich von Rousseau zitiert. Im Kern handelt es sich um den Nachweis, daß man gegen das öffentliche Recht und den Geist der Gesetze verstößt, wenn man einen Bürger auf eine lettre de cachet hin einkerkert, ohne Gerichtsverfahren. Auch wenn sich die Verhaftung auf einen legalen Titel stützte, wäre sie ungesetzlich und hassenswert; denn dann verstößt sie gegen das Naturgesetz, das einen freien Menschen voraussetzt, und schließlich ist die Freiheit das unveräußerliche Recht aller Menschen. Der Gebrauch der „lettres de cachet" ist tyrannisch, unter welchem Gesichtspunkt auch immer sie angewendet werden mögen, und ihre angebliche Nützlichkeit ist völlig illusorisch, da sie niemals die schrecklichen daraus resultierenden Folgen aufheben können. Wenn man meint, daß es der Regierung erlaubt sei, einen unschuldigen Menschen dem Heil der Mehrheit zu opfern, so ist dies eine der verabscheuenswertesten Maximen, welche die Tyrannei jemals erfunden hat. Sie ist direkt den Grundgesetzen der Gesellschaft entgegengesetzt. Alle Vorteile der bestehenden Gesellschaft sind nur für die Mächtigen und Reichen, alle einträglichen Ämter nur für sie, alle Gnaden, alle Ausnahmen werden nur ihnen reserviert. Wenn ein Mensch mit Namen seine Gläubiger ausraubt, so geht er straflos aus. Wenn dieser selbe Mensch bestohlen wird,

---

[31] Positives Recht
[32] Natürliches Recht
[33] Die Achtung vor dem Eigentum oder die auf der physischen Sensibilität gegründete Gerechtigkeit, die Eigenliebe und die Vernunft sind, durch unsere Natur herrisch gefordert, unabhängig von jedem religiösen System, der erste Titel, der die Menschen verbindet, und der einzige Punkt der notwendigen Vereinigung mit der Gesellschaft.

so setzt man die ganze Polizei für ihn in Bewegung, und wehe dem, auf den sein Verdacht fällt. Wie ganz anders sieht das Recht des Armen aus! Je mehr die Menschheit ihm schuldet, um so mehr verweigert ihm die Gesellschaft. Alle Türen sind ihm verschlossen, selbst wenn er das Recht hätte, sie öffnen zu lassen. Wenn also die „lettres de cachet" den Unschuldigen dem Schuldigen gleichstellen, so ist dies ein ausreichender Grund, um für immer mit dieser Methode zu brechen; denn jede Methode, die darauf hinzielt, einen Unschuldigen einem angeblich öffentlichen Interesse zu opfern, ist tyrannisch. Jeder Bürger hat ein Recht darauf, nur nach den Gesetzen und von ordentlichen Richtern verurteilt zu werden. Es ist ein Axiom des englischen Gesetzes, daß es mehr wert sei, wenn zehn Schuldige sich retten, als wenn ein Unschuldiger umkäme. Dieses Axiom ist der Schrei der Menschheit, den Vernunft und Erfahrung noch verstärken.

Von seinem Jugendwerk, dem *„Essai sur le despotisme"*, hat Mirabeau in einem Briefe an Sophie selbst gesagt, es habe zwar einige gute Ideen, aber sei ohne Plan und Methode geschrieben. Dieser Auffassung müssen wir uns anschließen. Mirabeau geht in dieser Schrift aus vom Unterschied zwischen l'homme naturel und l'homme social. Er untersucht dann im Stil Rousseaus die Frage, wieso es zur Bildung einer Gesellschaft gekommen sei und schließt sich der Ansicht Rousseaus an, daß der Mensch von Natur aus gut sei. Aber im nächsten Absatz behauptet er, es sei dem Menschen ebenso natürlich, despotisch zu sein, und er führt als Beweis das Verhalten von Säuglingen an (p.9): „l'enfant à six mois n'est pas aussi machine que l'on pense: ses langes gênent sa liberté; vous choyez ses pleurs; il vous importunera sans doute pour être obéi; voilà la première leçon et le premier acte du despotisme."[34] Der Mensch ist abwechselnd despotisch und sklavisch; denn der durch die Sklaverei verdorbene Mensch wird zur reißenden Bestie, wenn er einen Moment der Unterdrückung entschlüpft.

Der Wunsch überlegen zu sein, ist die Haupttriebkraft des menschlichen Herzens. Demgegenüber steht der Wunsch, die andern Menschen nieder zu halten. Diese beiden Leidenschaften rufen die Tyrannei und die Sklaverei hervor.

Diesen Ausführungen schließt sich eine Auseinandersetzung darüber an, ob der Mensch im Naturzustande, d.h. also vor einem contrat social gesellig

---

[34] Das Kind von sechs Monaten ist nicht auch eine Maschine, von der man denkt: die Windeln beeinträchtigen seine Freiheit, also verhätschelt ihr seine Tränen, es fällt euch ohne Zweifel zur Last, damit es gehorcht: da haben wir die erste Lektion und den ersten Akt des Despotismus.

sei oder nicht. Mirabeau ist der Ansicht, daß Rousseau sich sehr irre, wenn er äußere, daß der natürliche Mensch der Gesellschaft und Gesellschaftsbildung widerstrebe. Er bezieht sich da auf eine Stelle in Rousseaus „*Discours sur l'inégalité des conditions parmi les hommes*". Im ersten Teile heißt es: „...que l'homme dans l'état de nature répugnait à la société ... que la nature n'avait pas destiné l'homme à la société."[35]

Mirabeau beruft sich hier auf eine Ansicht, die Rousseau im „*Contrat social*", chap. VIII, p. 51, widerrufen hat. Rousseaus Ausführungen über das Staatsbürgertum decken sich mit dem, was Mirabeau auseinandersetzt, d.h. daß der Mensch allein nichts ist, dagegen der Staatsbürger mehr Freiheit und Vorteile besitzt als der Naturmensch kraft des contrat social. „Sein Gewinn äußert sich in der bürgerlichen Freiheit und in dem Eigentumsrecht auf alles, was er besitzt." Mirabeau schließt diesen Absatz folgendermaßen: „Ne doit-on pas conclure que l'état de société vaut mieux pour l'homme, qu'il est le plus digne emploi comme le plus hereux résultat de sa perfectibilité."[36] Eben diese selbe Erkenntnis hatte Rousseau zu seinem „*Contrat social*" veranlaßt. Aber Mirabeau kann sich noch immer nicht beruhigen; er erklärt uns, daß der Mensch erst wirklich Mensch sei, d.h. ein nachdenkendes und der Sittlichkeit fähiges Wesen, wenn er beginnt sich zu organisieren; denn solange er dies nicht tue, sei er ein Barbar. Der Mensch wolle durch die Bildung der Gesellschaft nichts opfern, sondern im Gegenteil seine Vorteile und seine Freiheit verstärken und sich Garantien schaffen. „La seule différence entre l'état primitif et l'état social, c'est que plus la société est complète, plus chacun a de propriétés. Telle est l'idée que je me forme de cette union, appelée société que le penchant general de l'humanité, autant que ses besoins a établie sur toute l'étendue de ce globe."[37] Nun, dies ist durchaus nicht Mirabeaus eigene Idee. Genau dasselbe hat lange vor ihm Rousseau gesagt. Er hat ihn nicht genau gelesen und einen Satz herausge-

---

[35] Dass der Mensch im Naturzustand die Gesellschaft verabscheut ... dass die Natur den Menschen nicht für die Gesellschaft bestimmt hat.
[36] Muss man nicht schlussfolgern, dass der Zustand der Gesellschaft für den Menschen mehr wert ist, dass er die würdigste Stellung und das glücklichste Ergebnis seiner Vervollkommnungsfähigkeit ist.
[37] Der einzige Unterschied zwischen dem primitiven und dem gesellschaftlichen Staat ist, dass je vollkommener die Gesellschaft ist, umso mehr jeder Eigentum hat. Solcher Art ist die Idee, die ich mir von dieser Gemeinschaft mache, Gesellschaft genannt, dass die allgemeine Neigung der Menschheit ebenso wie ihre Bedürfnisse auf dem ganzen Umfang des Erdballs festgesetzt sind.

griffen, der sich mit Rousseaus System nicht deckt. Mit solchen Widersprüchen müssen wir bei Rousseau rechnen. Genau mit Rousseau sagt Mirabeau, daß die Pflichten der Menschen darin bestehen, die sich selbst auferlegten Gesetze zu erfüllen. Die Aufklärung und die Freiheit sind die Basis des menschlichen Fortschrittes. Dem Staate sind wir nur verpflichtet, wenn er uns fördert und unsere Kräfte vervielfacht; denn der Staat ist für unsere Bedürfnisse da. Die Achtung vor dem Eigentum ist die Grundlage der menschlichen Gesellschaft.

Die beiden mächtigsten Laster der Menschheit sind die Begierde und der Stolz. Von da springt Mirabeau zu der Frage über, die bereits Rousseau zu lösen versucht hatte, ob die „schönen Künste" für den Staat etwas Gutes seien oder nicht; er gelangt zu dem Schluß, daß es Künstler gebe, die käuflich seien, daß das Gold der Gott der Despoten sei, und er beschuldigt Ludwig XI. und Karl VII., daß sie durch ihre Herrschaft die bürgerliche Freiheit in Frankreich zerstört hatten. „Tout vient du gaspillage de l'argent, de l'introduction de la cupidité, du ferment de la corruption fomentée par la gouvernement qui n'a plus ni la force ni le talent nécessaire pour remédier aux maux qu'il a faits quand il en aurait la volonté."[38] Unser schönes Frankreich bietet den traurigen Anblick der absoluten Gewalt. Die Freiheit wird Zügellosigkeit; die Wahrheit ist ein Verbrechen und der Mut eine Gefahr. Kurz: „Un état despotique devient une sorte de ménagerie, dont le chef est une bête féroce."[39] (p. 208) Das Dasein von Menschen, die durch den Despotismus unterdrückt sind, wäre zu schrecklich, wenn darauf nicht die Anarchie folgt; denn sie stürzt die Despotie, und in ihrem Schoße keimen die Revolutionen, die die Gesellschaft wieder neu erstehen lassen und die Menschen rächen. Es scheint also in der Ordnung der menschlichen Angelegenheiten alles einer konstanten Revolution zu folgen. So entsteht ein ewiger Zirkel: „Der Fortschritt wird mit der Freiheit geboren; der Fortschritt wird mißbraucht, und alsbald folgt ihr die Sklaverei; wenn die Sklaverei bei der letzten Stufe angelangt ist, führt sie zur Revolution, die uns die Freiheit zurückgibt. Als Menschen sind wir eindrucksfähige Wesen. Ein versklavtes Volk ist böse und grausam; denn es ist verbittert und unwissend. Die Auf-

---

[38] Alles kommt von der Verschwendung des Geldes, von der Einführung der Käuflichkeit, vom Ferment der durch die Regierung geschürten Korruption, die weder die Kraft noch das notwendige Talent hat, um die Übel abzustellen, was sie gemacht hätte, wenn sie dazu den Willen gehabt hätte.

[39] Ein despotischer Staat wird zu einer Art von Menagerie, deren Chef ein wildes Tier ist.

klärung ist das einzige Bollwerk der Freiheit gegen die Tyrannei. Der Mensch ist für die Freiheit geschaffen wie für die Luft, die er atmet."

In den „*Considérations sur l'ordre de Cincinnatus*" beschäftigt sich Mirabeau mit der jungen amerikanischen Verfassung und rügt es, daß sich der Orden des Cincinnatus gebildet habe; dadurch entstehe inmitten der Demokratie ein neuer Adel, was dem Geist der Gesetze zuwiderlaufe. Denn dieser neue Adel werde sich bald Befugnisse anmaßen, die ihm nicht zustünden. Die gesetzgebende Körperschaft muß darauf achten, daß der Gewinn bei jeder Beschäftigung so klein wie möglich ist. Titel sollten niemals erblich oder übertragbar sein. Eine Aristokratie kann nur schädlich sein. Adelstitel und erbliche Ehren sollten nicht gewährt werden. Natürliche, politische, bürgerliche Gleichheit müßte die Doktrin der amerikanischen Gesetzgeber bleiben.

Hatte Mirabeau in seinem „*Essai sur le despotisme*" und in den „*Lettres de cachet et des prisons d'état*" ein faible für politische Gebiete und zweifellos auch politisches Talent bekundet, so begegnen wir in seinem Werke „*Aux Bataves sur le Stathoudérat*" (Bei den Bataviern auf der Statthalterei) bereits dem zukünftigen Gesetzesschöpfer.

Titelblatt von Mirabeaus Schrift „Aux Bataves sur le Stathoudérat"

Im „*Essai sur le despotisme*" entwickelt er die Beredsamkeit des Genfers, er erscheint gleichsam als ein zur Potenz erhobener Rousseau; denn er ist zugleich dunkler, nachlässiger, lärmender, aber auch vernünftiger, vorausschauender und praktischer als dieser.

In der Schrift „*Aux Bataves sur le Stathoudérat*" verbindet er mit der Beredsamkeit à la Rousseau den klaren, subtilen, schnittigen Geist eines Montesquieu. Hier zeigt er sich schon ganz als der künftige Staatsmann, der scharf beobachtet und sich nicht verrechnet. In dieses Werk versenkt er sich rückhaltlos mit all seinen Gedanken, all die späteren Gesetzesvorschläge des künftigen Staatsmannes sind hier schon vorgebildet. Hatte er sich in seinen Erstlingswerken noch etwas stark an berühmte Muster angelehnt, so ist hier die Überlegenheit seines Genies ganz unverkennbar. Mochten uns die Erstlingswerke als mehr spekulative Betrachtungen erscheinen, so erkennen wir jetzt den praktischen Politiker, den Reformator, aus dem vielleicht ein Revolutionär werden kann. Natürlich neigt er noch immer zu einem Übermaß an Abstraktion, zu eiliger Verallgemeinerung der einmal gewonnenen Erkenntnisse. Ob er von Franzosen, Niederländern oder Amerikanern spricht, eigentlich handelt es sich immer um den Europäer oder besser noch den Menschen an sich. Er sagt selbst: „Je me bornerai à vous offrir le tableau des droits qui vous appartiennent en qualité d'hommes."[40] (Oeuvres de Mirabeau, tome V, p. 103). Gewiß schwebt dieser Mensch an sich manchmal etwas in der Luft. Er verkündet Prinzipien, die sich von diesem Menschen an sich herleiten, ohne zu untersuchen, ob sie wohl für einen gemeinten Fall zutreffen mögen. Es handelt sich dennoch nicht um Prinzipien, die apriori Geltung haben müßten. Ausgangspunkt bleiben immer Tatsachen, meist Mißstände. Aus diesem Mißtrauen gegenüber den vorhandenen Zuständen, der Stimme des Gewissens und dem Wunsche, diese Hindernisse zu einem menschlichen Glück zu überwinden, erwächst dann dieses philosophiegetränkte Werk, das ein allgemeines zukünftiges Glück verheißt. Nach dem Tode des Sonnenkönigs, nach seinen zahlreichen und teilweise unglücklichen Kriegen war Frankreich verarmt, ja ruiniert; die Auflehnung gegen den Despotismus ist also bei Mirabeau wie bei seinen Zeitgenossen das Ergebnis der Erfahrung, nicht die Schlußfolgerung einer Theorie. Mirabeaus politisch-philosophische Gedankengänge sind also nicht Resultate eines abstrakten Nachdenkens, sondern stellen dar eine einfache Reaktion seines Gerechtigkeits- und Menschlichkeitsgefühls gegen die Tatsachen, von denen er ausgeht. Es ist nun allerdings immer Mirabeaus Bestreben, solche Prinzipien herauszuarbeiten, die diese und ähnliche Mißstände für immer verdammen. Es genügt einem Mirabeau nicht, die sozialen Mißstände zu

---

[40] Ich werde mich darauf beschränken, euch ein Tableau der Rechte darzubieten, die euch in eurer Qualität als Menschen zukommen.

rügen. Er versucht zu beweisen, daß dieses Übel der allgemeinen Vernunft zuwiderläuft. Mit diesem Rationalismus strebt er nach der Erkenntnis ewiger Wahrheiten. Darin liegt Mirabeaus Kühnheit, aber auch seine Schwäche; denn er glaubt an die eine Vernunft, die zu allen Zeiten und in allen Ländern gebietet; aber dies ist ein Prinzip der Starrheit, da diese eine Vernunft ihn später dazu verleitet, bei einem bestimmten Punkt Halt zu machen. All seine politisch-philosophischen Erkenntnisse gewinnt Mirabeau aus der Geschichte; er studiert sie, um die Vergangenheit zu brandmarken und der Gegenwart den Prozeß zu machen. Auch wenn Mirabeau schreibt: „Der Mensch ist für die Freiheit geschaffen wie für die Luft, die er atmet", so spricht er zwar vom Menschen an sich, denkt aber immer an den Franzosen, den europäischen Menschen. Sein Irrtum beruht darauf, daß er es offenbar für leicht hielt, die Mißstände zu beseitigen; er zieht in seinen Ausführungen niemals die Trägheit der Masse, den Widerstand von einmal bestehenden Institutionen in Betracht. Er glaubt wie Rousseau, daß man durch einen einfachen Vernunftakt, durch gute Gesetze die Menschheit ändern könne; er setzt mit Rousseau die unendliche Gutwilligkeit der Menschen voraus, die sich sofort mit edlem Schwung wie er selbst für die Idee der Freiheit einsetzen werden. Er glaubt, daß ein Einzelner der Geschichte in den Arm fallen könne; er glaubt an die Wirksamkeit der Intervention, wenn sie von einer vernunftbegabten Persönlichkeit ausgeht. Er hält es für die Pflicht eines vernunftbegabten Menschen einer blindwütigen widersinnig gewordenen Kausalität entgegen zu arbeiten. Mirabeau selbst schrieb darüber: „Les hommes paraissent nés pour l'esclavage quand ils sont nés dans l'esclavage. Mais le triomphe de la vertu est de n'être point découragé d'un tel spectacle et d'inspirer à tout homme libre, à tout homme qui sent le prix de la liberté, même dans les fers du despotism, les moyens de détruire la servitude, ou du moins d'en préparer la destruction."[41] In dieser Besessenheit von der Sendung einer alles aus den Angeln hebenden Vernunft liegt jedoch auch Mirabeaus Stärke. Zwar ist er darin nicht originell, sondern er handelt wie seine Zeitgenossen; aber mit diesem maßlosen Glauben an die eine, überall gültige und alles beherrschende Vernunft hat er mit dazu beigetragen, daß

---

[41] Die Menschen scheinen für die Sklaverei geboren zu sein, wenn sie in der Sklaverei geboren sind. Aber der Triumph der Tugend ist, überhaupt nicht von einem solchen Anblick entmutigt und ganz vom freien Menschen, ganz von einem Menschen inspiriert zu sein, der den Preis der Freiheit selbst in den Fesseln des Despotismus und die Mittel, die Knechtschaft zu beseitigen, oder wenigstens, ihre Beseitigung vorzubereiten, fühlt.

die geheiligten Prinzipien der Religion, der bestehenden Gesellschaftsordnung und die Privilegien der Adelskaste in Zweifel gezogen, daß all die Autoritäten, die die Geister versklaven wollten oder sich dem Wohl der Menschheit entgegensetzten, gründlich angebohrt und zerstört wurden.

Die Anregung zu der Schrift „*Aux Bataves sur le Stathoudérat*" muß vom Studium der Werke und des Lebens von Hugo Grotius (1582 – 1645) ausgegangen sein; denn gegen Ende dieser Abhandlung spendet er aus vollem Herzen Lob diesem Politiker, der stets aufrichtig für die Freiheit gestritten und für sie in die Emigration gegangen ist. Er tadelt Montesquieu, der ihn überhaupt nicht erwähne, was freilich ein Irrtum ist, denn im „*Esprit des Lois*", Buch XV, Kap. II über „L'origine du droit de l'esclavage chez les jurisconsultes romains" (Ursprung des Rechts der Sklaverei bei den römischen Rechtsberatern) beruft sich Montesquieu ausdrücklich auf Grotius. Er klagt Rousseau an, der Grotius' Beziehungen zu Ludwig XIII. falsch ausgelegt habe. Die Entwicklung der niederländischen Geschichte zur Zeit des Sonnenkönigs mag Mirabeau gezeigt haben, daß eine oligarchische Partei, die nur auf ihre eigene Bereicherung bedacht ist, und sich über die Rechte und Ansprüche des Volkes hinwegsetzt, auf die Dauer den Wohlstand eines Landes untergraben muß. Aus dieser Erkenntnis gelangt Mirabeau dazu, für die Niederländer eine Verfassung zu entwerfen, deren Gesetzesvorschläge für uns um so bedeutender sind, als der Volkstribun Mirabeau oftmals auf diese Gesetzesentwürfe für sein eigenes Vaterland zurückgreift. So erklärt sich uns also dieses Wunder in der ersten Zeit der französischen Revolution, daß es einen Mann gab, der ad hoc den für die augenblickliche Situation geeigneten Gesetzesentwurf gleichsam aus dem Ärmel schüttelte. Mit der Klarheit und dem Scharfsinn eines Montesquieu werden hier Maximen einer freiheitlichen Verfassung, deren Gewalt vom Volke ausgeht, aufgestellt. Gewiß erkennt man immer wieder das berühmte Muster, den „*Contrat social*". Aber Mirabeau erhebt sich darüber dadurch, daß diese Grundsätze für den einen notwendigen Fall, für die Bedürfnisse der Niederländer modifiziert werden. „Les droits sont tels que les exige impérieusement le pays que vous habitez..."[42] Wie Mirabeau dies tut, verrät er eine gründliche Kenntnis der niederländischen Geschichte und seiner Menschen. Im ganzen hat er 26 Artikel abgefaßt und jeden durch Erläuterungen aus der niederländischen Geschichte gerechtfertigt. Einige dieser Artikel sind ganz eindeutig

---

[42] Die Gesetze sind solcher Art, dass sie dringlich das Land verlangt, in dem ihr wohnt.

gegen die in den Niederlanden herrschende Adelskaste gerichtet, andere befassen sich mit dem Verhältnis und den Rechten der sieben Provinzen untereinander. Es sei uns erspart, auf die Details dieses Werkes noch näher einzugehen, da wir in einem späteren Kapitel genötigt sein werden, diese Artikel vergleichsweise zur Untersuchung heranzuziehen.

Eine kleine Flugschrift von nicht zu unterschätzender Bedeutung liegt vor uns in Mirabeaus *„Aufruf an die Hessen und die andern von ihren Fürsten an England verkauften Völker Deutschlands"*. Durch Schillers *„Kabale und Liebe"* zumindest sind wir über diesen Menschenhandel der deutschen Fürsten unterrichtet, aber Mirabeau handelt nicht nur aus Menschlichkeitsgefühl oder Mitleid; er verfolgt dabei praktisch-politische Zwecke. Frankreich stand im amerikanischen Unabhängigkeitskampf auf Seiten Amerikas. Mirabeaus eigener Bruder Boniface kämpfte auf Seiten der Amerikaner für die zu erringende Freiheit. Insgeheim schickte Frankreich den Amerikanern Waffen und Geld. Franklin wurde in Paris mit Jubel empfangen, und schließlich wurde 1778 eine Alliance zwischen Frankreich und den Vereinigten Staaten abgeschlossen. Als Mirabeau diese Schrift abfaßte, verfolgte er also realpolitische Zwecke; es galt, Englands Macht zu schwächen dadurch, daß man England die deutschen Söldner abspenstig machte. Dies konnte Mirabeau nicht schwer fallen, da er ohnehin englandfeindlich war. Gleich nach Erscheinen dieser Schrift ließ der Landgraf von Hessen alle umlaufenden Exemplare aufkaufen, damit ihm dieser einträgliche Menschenhandel nicht zerstört würde. Er antwortet mit einem *„Vernünftigen Rat an die Hessen"*. Mirabeau entgegnet darauf mit einer *„Erwiderung auf den vernünftigen Rat"*. Er beschließt diese Replik mit den Worten: „Wer sich bemüht, seine Freiheit wieder zu erlangen und für dieselbe kämpft, der übt ein gesetzliches Recht aus; die Empörung dagegen ist eine durchaus gesetzliche Handlung. Das Verbrechen gegen die Freiheit der Völker ist die größte Untat."

In diesem Aufruf weist Mirabeau den Hessen nach, daß ein génie infernal sie in dieses Abenteuer treibe, und er schreibt: „Wie eine Herde Vieh eilt ihr ... über die Meere, um Völker anzugreifen, die Euch nichts Böses getan haben, die die gerechteste Sache verteidigen ... O, Deutsche, wer hat Euch denn diesen Kampfesdurst eingeblasen, diese barbarische Raserei, diese häßliche Hingabe an die Tyrannei? ... Die Treue gegen Eure Führer, diese Gewohnheit zu gehorchen, ohne zu bedenken, daß es heiligere Pflichten als den Gehorsam gibt; das sind Eure Fehler; aber es werden Verbrechen sein, wenn Ihr nicht am Rande des Abgrundes haltmacht ... Steht es Euch zu, in diesem Prozeß Richter zu sein? ... Der Mensch hat in allen Ländern der Welt das Recht, glücklich zu sein ... Sie (die Amerikaner) haben das Recht, das Joch abzuschütteln, denn das Joch ist nicht für den Menschen gemacht."

Alsdann fordert Mirabeau die Hessen auf, in Amerika die Partei zu wechseln, nicht mit den Engländern, sondern auf Seiten der Amerikaner für die Sache der Freiheit und Gerechtigkeit zu kämpfen. „Lernt von den Amerikanern die Kunst, frei zu sein, glücklich zu sein und die sozialen Institutionen zum Besten jedes einzelnen der Individuen zu wenden, die die Gesellschaft bilden."

Bei seinem Berliner Aufenthalt war es Mirabeau schnell gelungen, den Kontakt mit maßgebenden Persönlichkeiten zu finden. Aus seinen Briefen an Mme de Néhra wissen wir, daß er sich geistig am wohlsten fühlte in den literarischen Salons um Mendelssohn und Henriette Herz. Dort fand er die Subtilität und geistige Beweglichkeit, die für einen Mirabeau Lebenselement war. Bei Henriette Herz hatte er unter anderem den Geheimen Archivar Christian Wilhelm von Dohm kennen gelernt, der damals gerade ein Manuskript *„Über die bürgerliche Verfassung der Juden"* unter der Feder hatte. Wenngleich diese Schrift damals wegen der Judenfeindlichkeit Friedrichs des Großen überhaupt keinen praktischen Effekt hatte, so hat sie wenigstens das receptive Genie Mirabeaus zu einer begeisterten Flugschrift *„Über die politische Reform der Juden"* angeregt. Hatte Dohm die bürgerliche Befreiung der preußischen Juden im Sinne, so wendet sich der viel expansivere Mirabeau sofort an alle Juden Europas. Er weist zunächst nach, daß gewisse Mängel, die den Juden ewig vorgeworfen werden, auf das barbarische Verhalten der europäischen Regierungen zurückgeführt werden müssen. Es sei folglich an uns die Reihe, den Juden von Vorurteilen gegenüber den Christen zu heilen, indem wir Christen zuerst unsere eigenen Vorurteile ablegten. Er zählt die guten Eigenschaften der Juden auf: sie seien fast immer gute Ehemänner und Väter; Ausschweifungen und widernatürliche Laster seien ihnen unbekannt. In Ländern, in denen man die Juden nicht bedrücke, seien ihnen auch keine Vergehen gegen den Staat nachzuweisen. Man müsse also jede sie erniedrigende Unterscheidung aus der Gesellschaft verbannen. Man müsse ihnen alle Wege der Existenz und des Gewerbes öffnen. Man müsse die jüdischen Schulen auf dieselbe Stufe stellen wie die christlichen. Sie müssen in den Besitz aller Bürgerrechte gesetzt werden. Ein Jude ist immer mehr Mensch, als er Jude ist, folglich gebietet uns unser Gerechtigkeitssinn, ihre Situation zu verbessern, indem wir zunächst durch die politische Reform der Juden eine geeignete Basis dafür schaffen.

Noch 30 Jahre (11.3.1812) sollten vergehen, bis endlich in Preußen die Lage der Juden durch Dekret etwas erleichtert wurde. Nach 150 Jahren scheint es uns, als wenn wir abermals an einem Anfang stünden und wir uns wiederum darauf zu besinnen haben, das zu tun, was unser Gerechtigkeitssinn uns gebietet. So wollen wir abschließend anerkennen, daß Mirabeau, der aus seiner Lebenserfahrung wußte, was es heißt, im Gebrauch seiner Freiheit beschränkt und gesellschaftlich geächtet zu sein, diese Parole sofort aufgriff und sich der gerechten Sache der Juden annahm. Hier hatte er zum ersten Male Gelegenheit, nicht nur für sich selbst, sondern für andere zu kämpfen. Er bewies, daß er Mut genug besaß, um seine Person für die gerechten Forderungen seiner Mitmenschen in den Dienst zu stellen. „Ecoutez un homme qui n'a jamais varié dans ses principes, ni déserté la cause publique, ou les interêts sacrés de la liberté."[43] (Oeuvres de Mirabeau, tome IV, Dénonciations de l'agiotage et suite (Anprangerung des Geldwuchers und folgendes), p. 194).

Wie ein Leitmotiv zieht sich dieses Zitat Mirabeaus durch alle Schriften, die er jemals veröffentlicht hat. Als er sich in der Flugschrift „*Dénonciations de l'agiotage et suite*" gegen Neckers Finanzpolitik wendet, gilt diese scharfe Kritik vor allen Dingen der Sache, erst in zweiter Linie der Person Neckers. Mirabeau liebte Frankreich, er beobachtete seinen wirtschaftlichen Verfall, und er erkannte, daß Necker, ansonsten ein Mann von Verdiensten – nicht geeignet war, Frankreich aus seinem wirtschaftlichen Dilemma zu befreien. Necker, ein traditionsgebundener Mensch, besitzt zwar starke logische Fähigkeiten, den Zustand der Dinge richtig zu erkennen, aber es fehlt ihm die Kraft, aus seiner Erkenntnis die Konsequenzen zu ziehen. Völlig ein Sohn des in Todeszuckungen sich bereits windenden ancien régime, nur noch von dumpfer Angst erfüllt, verkannte er jegliche Realitäten und die daraus zu schöpfenden Möglichkeiten. Ein kärglicher Rationalist ohne Elan und Mut, mußte er in der Finanzpolitik scheitern. Mirabeau, der in seinem Denken über das bloß logische Abstrahieren hinauswuchs und es mit vitaler Realität erfüllte, der Denken und gegebene Fakta in ein lebensvolles Einheitliches zusammenschmolz und lieber auf die streng logische Durchführung eines starren und daher brüchigen Systems verzichtete – erkannte daher sofort Neckers Fehler, verurteilte ihn auf das schärfste. Dennoch verschafft er ihm im Jahr seiner Präsidentschaft fast diktatorische Macht: denn Necker

---

[43] Hört einen Menschen, der niemals seine Prinzipien änderte, niemals die öffentliche Sache oder die heiligen Interessen der Freiheit im Stich gelassen hat.

war im gegebenen Zeitpunkt unter allen zur Auswahl stehenden Männern der einzig in Frage kommende Finanzminister, schließlich sollte sich in dieser Situation eher Herr Necker kompromittieren als die Nationalversammlung. Die Liebe zum Vaterlande und das Staatsinteresse geben bei allen Erwägungen Mirabeaus den Ausschlag.

Einen neuen Beweis seiner politischen Fähigkeiten, seiner schrankenlosen Freiheitsliebe und seines revolutionären Elans erbrachte Mirabeau durch sein 1788 zuerst erschienenes Werk *„De la Monarchie Prussienne sous Frédéric le Grand"* (Über die preußische Monarchie unter Friedrich dem Großen). Ob die von Volkswirtschaftlern gegen das achtbändige Werk erhobenen Vorwürfe zu Recht bestehen, darauf will ich nicht näher eingehen. Mit dieser Frage hat sich Herr Hanns Reißner nach allen Regeln der Wissenschaft auseinandergesetzt. Uns interessieren hier die geistigen und seelischen Voraussetzungen dieses Buches, in denen gleichzeitig sein bleibender Wert beschlossen liegt. Als Mirabeau den Plan zu diesem Werke faßte, hielt er sich in Berlin in geheimer Mission des französischen Staates auf; nur muß hier hinzugefügt werden, daß seine Regierung auf diese Mission eigentlich keinen Wert legte und Mirabeau recht bald fühlte, daß er kalt gestellt sei. Aber ein Mirabeau war nicht der Mann, der sich beiseite schieben ließ. Zunächst waren die Berichte, welche er über den Berliner Hof nach Paris schickte, wichtiger als die des offiziellen Gesandten. Wir werden auf ihren Wert in einem besonderen Abschnitt einzugehen haben. Mit der *„Monarchie Prussienne"* bewies Mirabeau abermals, daß er, wohin er auch kam, den Kontakt mit den Menschen gewann, auf die es ankam, sie derart in seinen Bann zog, daß sie sich mit Freuden für seine Ideen in den Dienst stellten. Mauvillon, sein Freund und Mitarbeiter, hat selbst erklärt: „Allein ihm gebührt doch vorzüglich die Ehre, denn er hatte den Gedanken dazu gefaßt, flößte ihn mir ein, gab mir die Mittel, ihn auszuführen, leitete meine Arbeit, und verbesserte sie gar sehr, nachdem sie aus meinen Händen kam." Man hat dieses Werk eine Kompilation gescholten. Nun, es ist zumindest eine geniale Kompilation. Mirabeaus Genie und seine Größe beruht eben darauf, daß er die Fähigkeit und Neigung hatte, zu sehen, zu hören, zu unterscheiden und zu wählen, das Gesehene und Gehörte mit eigenem Geist zu erfüllen und mit Schwung wiederzugeben. Dürfen wir doch nicht vergessen, daß Mirabeau von Preußen nur sehr unklare Vorstellungen hatte, als er 1786 das Land zum ersten Mal bereiste. Einzig die Gestalt Friedrichs des Großen, in der er die Verkörperung einer allvermögenden Vernunft erblickte, hatte ihn angezogen. So blättert im Jahre 1788 der neugierige Leser in einem achtbändigen Werk folgender Disposition:

1. Die geschichtliche Entwicklung des Hauses Brandenburg
2. Die geographische Beschaffenheit und die Bevölkerung des Preußischen Staates
3. Ackerbau und natürliche Erzeugnisse
4. Manufakturen
5. Vom Handel
6. Einnahmen und Ausgaben des Staatshaushaltes
7. Von dem Soldatenwesen
8. Religion, Unterricht, Gesetze, Regierung
   Zusammenfassung und Schluß.

Mögen auch die statistischen Übersichten, aus denen zu ersehen war, wieviel Zoll auf Nähnadeln und Siegellack in Preußen erhoben wurde, einer volkswirtschaftlichen Kritik nicht standgehalten haben, die Mängel einer Monarchie, deren Größe nur auf dem Genie eines einzigen Mannes beruhte, hat Mirabeau sehr richtig erkannt. So gelangt denn Mirabeau dazu, dem König von Preußen Reformen in der Staatsverwaltung anzuraten. Die indirekten Steuern müßten aufgehoben werden, die Handels- und Industriemonopole sollte man abschaffen, die Leibeigenschaft aufheben, die Krongüter aufteilen. Er entpuppt sich als Anhänger der Physiokraten und des Adam Smith zugleich. Den Bauern kräftigen und schützen und dem Kaufmann freie Ausfuhr seiner Waren! Mirabeau nannte dies Freiheit der Menschen und der Dinge. Wahrhaft eine köstliche Mischung eines reaktionären Revolutionärs! Mit dieser unverfrorenen Unbekümmertheit hätte er auch heute noch in manchen Staaten sein Glück machen können. Als wir Mirabeaus Stellung zur Frau besprachen, hatten wir das erste Mal Gelegenheit, einem Reaktionär ins Auge zu schauen. In seiner merkantilistisch-freihändlerischen Haltung begegnen wir ihm zum zweiten Mal. Dennoch bedeuten die vorgeschlagenen freiheitlichen Reformen einen Schritt näher zur Revolution. Das Vernunftideal, das Mirabeau pries, war ein für jeden Weltbürger in jedem Staat verbindliches. Alles Nachdenken über den Staat als Lebensform war auf Verwirklichung der sozialen Vernunft gerichtet. Der „beste" Staat war das universale Ideal, auf das die Politik eines jeden Staates hinsteuern mußte. Als Krönung dieses Gebäudes war ein rationaler Völkerbund gedacht. In dieser philosophisch-politischen Mentalität gab es nur eine sozialkonstitutionelle Wahrheit, die für jeden Weltbürger, für jeden Staat gleich verpflichtend war. Die „gesunden" und „wahren" Prinzipien mußten in jedem andern Lande ebenso wünschenswert erscheinen wie in Preußen selbst. Wenn Mirabeau die Zukunft Preußens dem „Schutzgeist Europens" anbefahl, d.h. dem Geiste der unprivilegierten Massen der Untertanen – so meinte er nicht nur Abkehr vom Despotismus und die Befreiung der Bevölkerung in Preußen. In Preußen sah er Frankreich. Seine radikale Aufforderung zur Revolution galt vielmehr Frankreich als Preußen. Gelegentliche Bemerkungen wie „Paradekönige à la Louis XIV (*Monarchie Prussienne* 3, 348) weisen nur allzu deutlich auf diesen Zusammenhang hin. Das Hinarbeiten auf eine Revolution ist unverkennbar. So führt das Buch in immer neuen Wendungen die Sache der gesellschaftlichen Vernunft gegen die Willkürherrschaft der „Regierung". Man spürt die latente revolutionäre Energie des Verfassers. Mirabeaus Freunde Brissot, Lafayette und Concordet, mit denen er sich in der „Société des Amis des Noirs" traf, haben dies sofort begriffen. Sie verstanden mit ihm, was er beweisen wollte: daß die Tage des Despotismus gezählt seien und daß nur noch in der gesellschaftlichen Freiheit das Heil der Staaten in der Zukunft begründet liegen könne.

Das persönlichste Werk Mirabeaus dürfte die „*Geheime Geschichte des Berliner Hofes*" sein. Sie umfaßt den Zeitraum vom Sommer 1786, also von kurz vor dem Ableben Friedrichs des Großen bis zum Frühjahr 1787. Selbst der Kenner der preußischen Geschichte wird zugeben müssen, daß die dargestellten Details nicht treffender hätten beobachtet werden können. Er hat von Anfang an die Ursache für den Verfall Preußens in der Charakterschwäche Friedrich Wilhelms II. erkannt. Von Beginn an stellt er diesem Staat eine schlechte Prognose: „Le thermomètre pour les affaires est toujours le même; le ministre d'état n'a pas pu obtenir une réponse à ses rapports depuis plus de trois semaines: tout s'arrière, tout se recule."[44] Die historischen und politischen Zusammenhänge hätten nicht besser erfaßt werden können, als es in diesem Buche geschehen ist. Geradezu prophetisch sind Mirabeaus Worte: „Si la Prusse se jette dans le système anglais, Frédéric Guillaume sera, dans quinze ans, marquis de Brandenbourg."[45] So sagt Mi-

---

[44] Das Thermometer für die Angelegenheiten ist immer dasselbe; Der Staatsminister konnte auf seine Berichte über mehr als drei Wochen keine Antwort erhalten; alles hält an und rollt rückwärts.

[45] Wenn Preußen sich in das englische System stürzen würde, würde Friedrich Wilhelm binnen 15 Jahren Graf von Brandenburg sein.

rabeau 1786 die Katastrophe voraus, die Preußen erst 20 Jahre später durch Jena und Auerstädt treffen sollte.

Neben diesen unbestrittenen Vorzügen der „*Histoire secrète de la Cour de Berlin*", die also im wesentlichen auf dem politischen Talent und Spürsinn Mirabeaus beruhen, fühlen wir uns leider abgestoßen durch den zynischen Ton der Darstellung, durch geschmacklose Formulierungen wie „une gaucherie de la princesse la plus gauche qu'il y ait en Europe"[46] usw. Dies ist noch eine der zurückhaltendsten Äußerungen über charakterliche Mängel der beschriebenen Personen. Am widerlichsten wirkt die Mischung von sittlicher Entrüstung über die Leichtfertigkeit des damaligen preußischen Hofes mit gleichzeitigem wollüstigem Wühlen in all den Details, die er als schamlos bezeichnet. Mirabeau watet mit solcher Anteilnahme in diesen Niederungen, daß er sich nicht scheut, noch zweideutige Begebenheiten und Situationen hinzuzudichten. Von diesem Punkt her ist das Buch als historische Quelle mit Vorsicht zu benutzen. Auch im Donjon de Vincennes hatte Mirabeau sich in der Darstellung schlüpfriger Einzelheiten gefallen. Wir haben dies zu erklären versucht mit einer Erregung der Sinne, die durch die Kerkerhaft gesteigert war. Jetzt aber erkennen wir, daß es sich um eine bleibende Eigenschaft handelt; er war so lasterhaft wie das Zeitalter, das zugrunde gehen und mit dem er zugrunde gehen mußte. Wir sehen hier ganz deutlich: er ist nicht der neue Mensch, der den Staat zu einer neuen Lebensform führen konnte, weil er stets gegen Sittenverderbnis und Prasserei wetterte, um sich insgeheim daran zu weiden. Er hat bis zur letzten Stunde sich von diesen Schlacken nicht gereinigt, auch niemals sich zu reinigen bemüht. Das sind die Methoden von Diktatoren, die sich dadurch zur Macht bringen, daß sie mit Wollust über die Sittenverderbnis klagen, um den urteilslosen Kleinbürger desto bequemer und sicherer einzufangen, je mehr sie an seine unreinen Instinkte appellieren. Mirabeau ließ sich völlig von seinen niedersten Impulsen treiben, als er, um ein Loch seiner alle Zeit leeren Kasse zu stopfen, diese Berichte, die er in seiner Eigenschaft als geheimer Agent der französischen Regierung an die zuständigen Minister geschickt hatte, zum Druck weitergab. Er wußte sehr wohl, daß nur seine Regierung, die ihn für diese Briefe bezahlt hatte, darauf ein Anrecht besaß. Da in den Briefen die intimsten politischen und privaten Angelegenheiten des preußischen Königs und seiner näheren Umgebung in respektloser Form dargestellt waren, die

---

[46] Eine linkische Art der Prinzessin, die linkischer ist, als es sie in Europa geben könnte.

Veröffentlichung gerade erfolgte, als der Prinz Heinrich, der ebenfalls recht unvorteilhaft gezeichnet ist, in Paris als Gast der französischen Regierung eintraf, waren außer der Entrüstung und dem allgemeinen Skandal, den diese Publikation hervorrief, politische Weiterungen zu befürchten. Von Berlin erfolgte eine Demarche, und das Buch wurde öffentlich in Paris verbrannt. Für Mirabeau hatte diese Charakterlosigkeit die sehr empfindliche Folge, daß maßgebende Personen wie Talleyrand, Necker, Lafayette ihn endgültig fallen ließen, Menschen, die auch während der Revolution genügend Macht besaßen, um ständig gegen ihn zu intrigieren. Diesem Hang, sich mit irgendwelchen Mitteln Geld zu verschaffen, dieser Sucht, auf alle Fälle von sich reden zu machen, hat Mirabeau es zuzuschreiben, daß er noch kurz vor Ausbruch der Revolution sich eine wirklich glänzende Rolle als Staatsmann verdarb. Die unmittelbare Folge war, daß er eine Kandidatur als Deputierter im Elsaß wieder aufgeben mußte. In seiner Heimat wieder scheiterte die Kandidatur, da er kein Lehen besaß, im tiefsten Grunde aber wohl, weil der Adel ihn endgültig fallen gelassen hatte. Selbst die harte Schule der Tyrannei hatte diesen Mann nicht läutern können. Nur die urteilslose Masse jubelte ihm zu, und er mußte sich an ihre Spitze stellen, wenn er überhaupt noch sich zur Geltung bringen wollte.

Von 1773 an, d.h. also etwa 16 Jahre hindurch hatte Mirabeau in zahlreichen Schriften seine Empörung über die bestehenden Zustände in Frankreich mit schneidenden Worten verkündet. Seine Broschüren riß man sich gegenseitig aus den Händen. Wir sind heute leicht geneigt, daraus die Übertreibung einer schnell fertigen Zunge zu lesen. Aber man sollte einmal aufhören, immer nur von dem auflösenden, zersetzenden Wesen, von der Leichtfertigkeit und Frechheit der französischen Aufklärer und Wegbereiter ihrer Revolution zu sprechen. Hegel bezeichnet in der *„Phänomenologie des Geistes"* und in den *„Vorlesungen über Geschichte der Philosophie und Philosophie der Geschichte"* (T. 3, S. 514ff.) diesen Kampf mit Recht als den Angriff des vernünftigen Instinkts gegen den Zustand der Ausartung und der allgemeinen und vollkommenen Lüge, als eine Zerstörung des bereits in sich Zerstörten. Hegel sagt: „Wir haben gut den Franzosen Vorwürfe über ihre Angriffe der Religion und des Staates zu machen. Man muß ein Bild von dem horriblen Zustand der Gesellschaft, dem Elend, der Niederträchtigkeit in Frankreich haben, um das Verdienst zu erkennen, das sie hatten. Jetzt kann die Heuchelei, die Frömmigkeit, die Tyrannei, die sich ihres Raubes beraubt sieht, der Schwachsinn können sagen, sie haben die Religion, Staat und Sitten angegriffen. Welche Religion! Nicht durch Luther gereinigt! – der schmählichste Aberglaube, Pfaffentum, Dummheit, Verworfenheit der Gesinnung, vornehmlich das Reichtumverprassen und –schwelgen in zeitlichen Gütern beim öffentlichen Elend! Welcher Staat! Die blindeste Herrschaft der Minister und ihrer Diener, Weiber, Kammerdiener, so daß ein ungeheures Heer von kleinen Tyrannen und Müßiggängern es als ein göttliches Recht ansah, die Einnahme des Staates und den Schweiß des Volkes zu plündern. Die Schamlosigkeit, Unrechtlichkeit ging ins Unglaubliche; die Sitten waren nur entsprechend der Verworfenheit der Einrichtungen. Wir sehen Rechtlosigkeit der Individuen in Ansehung des Rechtlichen und Politischen, und ebenso Rechtlosigkeit in Ansehung des Gewissens und des Gedankens." In Zeiten solcher Mißwirtschaft war es also kein Wunder, wenn es schließlich zu Hungeraufständen kam. Mirabeau war gerade Deputierter des dritten Standes geworden, als in Marseilles solch ein Hungeraufstand ausbrach. Er verfaßte sofort eine Flugschrift, *„Avis au peuple marseillais"* (Mitteilung an das Volk von Marseilles), die er in der ganzen Stadt verbreiten ließ, und es gelang ihm wirklich, die aufgeregten Kleinbürger Marseilles zu beruhigen. Dieser subtile Mann steigt ganz zu der naiven, unkomplizierten Mentalität der Masse herab, er, der sonst die lange heroische Phrase bevorzugte, spricht zu dem erregten Volk in knappen, kurzen Sätzen, schmeichelnd und beschwörend, abwechselnd unter Anrufung der Vernunft und der Vorsehung und immer im Namen des guten Königs, der sein Volk wie seine Kinder liebt und von ihnen ebenso geliebt wird. Mit so demagogischer Zunge spricht derselbe Mann, der durch 16 Jahre erklärt hatte, daß die meisten Könige nur Schwachköpfe und Narren seien; der in seinem tiefsten Wesen irreligiös war und sein ganzes Leben gegen Konfessionen und Aberglauben gewettert hatte. Nichts liegt in diesen Sätzen von einer großartigen Konzeption. Aber er hat den Weg zum Herzen des Volkes gefunden; es lauschte ihm willig, ließ sich beruhigen und übte Geduld. Zweifellos ist der politische Erfolg dieser Flugschrift; aber er war erreicht durch Anwendung von Mitteln, die wir nicht billigen können. Natürlich muß ich mit jedem Menschen die Sprache reden, die ihm gemäß ist. Es ist ein Unterschied, ob man zu seinem Mann oder zu seinen Kindern spricht. Wir können hier das Volk in seiner Unfähigkeit, Wahrheit, Lüge, scheinbare Wahrheit oder bloßen Nutzen zu unterscheiden, mit Kindern gleichsetzen. Es ist dennoch bisher keinem zielbewußten, vernünftigen Menschen eingefallen, Kinder durch Lügen oder Ansichten, zu denen wir uns nicht mehr bekennen, zur Einsicht zu bewegen.

Kurz vor seinem Tode verfaßte Mirabeau einen *„Discours sur l'éducation publique"* (Rede über die öffentliche Bildung). Erst nach seinem Tode wurde diese kleine Schrift veröffentlicht. Im Kapitel über Mirabeaus Stellung zur Frau haben wir bereits seine Ansichten über die Erziehung des weiblichen Geschlechts kritisiert. Der Gedanke, wie Mirabeau ihn in dieser kleinen Abhandlung vertritt, die Erziehung der Jugend auf staatliche Grundlage zu stellen, war gewiß nicht neu. Er wurde uns schon durch Platon vermittelt, und Mirabeau selbst beruft sich auf ihn. Denn es war ihm klar, daß man die Jugend gewinnen müsse, um die eben eroberten Positionen der Revolution zu verteidigen. Außer im Punkte der Frauenerziehung, wo Mirabeau die reaktionären Ansichten Rousseaus teilt, bedeutet diese Schrift praktisch doch eine Distanzierung von dem von ihm wiederholt in beredtesten Phrasen gepriesenen Rousseau. Hatte doch Rousseau im *„Émile"* die Ansicht vertreten, daß man entweder zum Staatsbürger oder zum Menschen erzogen werden könne; das eine schließe das andere aus; denn die bürgerliche Ordnung verstoße gegen die Naturgefühle, folglich lebe man als Mensch im Protest gegen den Staat; man kenne den Begriff Vaterland nicht, wenn man sich als Mensch fühle. Eine öffentliche Erziehung sei daher widersinnig und verfehlt. Er wolle einen Menschen bilden, und dazu sei einzig die häusliche Erziehung geeignet. Mirabeau ist demgegenüber der Meinung, daß mit der französischen Revolution der Idealstaat errichtet sei, jeder gute Franzose habe nunmehr ein Vaterland, und die Errungenschaften der Revolution würden nur bewahrt bleiben, wenn der Staat die Jugend in seinem Sinne lenke. Schlägt Mirabeau nunmehr vor, einen neuen Menschen zu erziehen, der sich später in den Dienst des Staates stellen werde? Nein, davon ist seltsamerweise in der ganzen Schrift nicht die Rede. Er vertritt die reichlich naive Auffassung, daß „jeder Fortschritt in der Verfassung die Vernunft und die menschliche Vervollkommnung vergrößert". Sein und seiner Mitarbeiter Geschicklichkeit werden noch die Enkel ein glückliches Zeitalter zu danken haben. Kaum hat man durch den Bastillesturm die eine Despotie abgeschafft, so ist Mirabeau im Begriff, eine neue Despotie heraufzubeschwören durch sein Bestreben, die neuen Institutionen und ihre Menschen für alle Zeiten darauf festzulegen. Sechzehn Jahre hatte er an Sklavenketten gerüttelt; kaum jedoch ist er der Herr der Revolution, so zeigt er alle Eigenschaften des Diktators, der die Revolution so schnell wie möglich beenden und unter dem Motto „Ruhe und Frieden den Hütten" die Ruhe der absoluten Starre zum Gesetz erklären lassen möchte. Unter der Maske einer großzügigen Zukunftsbezogenheit tut er mit seiner ewigen Fanfare vom „unaufhaltsamen Fortschritt" nichts für den kommenden Tag; überzeugt, daß es keine Überraschungen noch Geheimnisse, keine Wendungen noch wesentliche Neuerungen geben wird, sicher, daß die Welt geradeaus ins goldene Zeitalter spazieren wird, ohne Umwege oder Rückschritte, zieht er seine Unruhe aus der Zukunft zurück und siedelt sich in einer endgültigen Gegenwart an. So suchen wir bei Mirabeau, und eben in der „*Éducation publique*" vergeblich nach Plänen, Zielsetzungen und Idealen. Er begeht ganz einfach Fahnenflucht an dem, wozu er 16 Jahre aufgefordert hatte. Von einem neuen Menschentyp ist also überhaupt nicht die Rede, sondern nur von den einzelnen Disciplinen, die gelehrt werden müßten. Die Qualität des Menschen ist ihm also entweder gleichgültig oder ihre Bonität selbstverständlich. Mit dieser Unbekümmertheit steht Mirabeau allerdings nicht allein da, er ist darin der typische Vertreter eines aufgeklärten Menschen im 18. Jahrhundert. Der philosophische und politische Mensch des 18. Jahrhunderts wendet sich immer nur an den gebildeten Bürger. Um die andere Hälfte der Nation, die Unwissenden und Armen kümmert man sich nicht. Niemand dachte daran, sie aus ihrer Dumpfheit und Gebundenheit herauszuführen. Man sah in ihnen nur einen Haufen dummer, lächerlicher, wütender Menschen. In Mirabeau sehen wir diesen Typ nur besonders plastisch veranschaulicht. Von den Disciplinen wünscht er zwar die Philosophie, da ja die französische Revolution ein Werk der Philosophen sei, auch weiterhin gefördert zu sehen, aber nur, wenn sie sich für ewig die Grundsätze der französischen Revolution zu eigen mache. Damit verkennt er gründlich das Wesen der Philosophie, das u.a. darin besteht, über das bisher Erkannte hinauszuwachsen. Wenn ich den Philosophen Stillstand befehle, so kann ihr Unterricht nur noch in Philosophiegeschichte bestehen. Die akademische Freiheit, sagt Mirabeau, müsse abgeschafft werden; denn der esprit de corps[47] sei mit dem Staatsinteresse nicht vereinbar. Der Staat müsse die Professoren vorschlagen, und die Universität habe nur zuzustimmen. Abermals blicken wir dem Diktator ins Auge: ich habe euch die Freiheit gebracht, und wenn ihr Befreiten dies nicht anerkennt, so werde ich euch zu meiner Freiheit zwingen. Diese Art, gegen die akademische Freiheit vorzugehen, verletzt den Kern der Universitätseinrichtung als solcher; der Fortschritt der Forschung liegt eben in ihrer Unabhängigkeit vom Staate. Gewiß hat der Staat ein Interesse daran, daß er nicht von einer Universität aus unterhöhlt wird. Um dies zu verhindern, genügt es, einen Professor seines

---

[47] Korpsgeist

Lehramtes zu entkleiden, der seine akademische Freiheit gegen den Staat, der ihn bezahlt, mißbraucht. „Es könnte der Zeitpunkt kommen, wo die Philosophen unschicklich von der Revolution sprächen", sagt Mirabeau. Gewiß muß jede Revolution auf der Hut sein vor der Konterrevolution; aber dies erreicht man nicht dadurch, daß man den bestehenden Zustand für den unübertrefflichen erklärt. Es gibt kein Paradies auf Erden. Glück ist kein Zustand, sondern ein Ziel. Das ist dem Genußmenschen Mirabeau niemals klar geworden. So wie er in den letzten Monaten vor seinem Tode gierig nach den Glücksgütern griff und sich am trivialsten Genuß berauschte, glaubte er, daß auch der Staat einzig den Zweck habe, die Zahl der angenehmen Genüsse zu vermehren. „Die Freiheit wird das Füllhorn ihrer Wohltaten über uns ausschütten." (S. 37) Mirabeau vergißt dabei, daß die Freiheit täglich neu erkämpft werden muß. „Die Lehrarten und Methoden werden sich durch die Fortschritte der öffentlichen Aufklärung und den unmittelbaren Einfluß der besseren Gesetze von selbst vervollkommnen." (S. 37) In immer neuen Wendungen spielt Mirabeau mit seinem Fortschrittsfatalismus. Dies im Augenblick, da er zur Bedingung machen muß, daß in Zukunft jeder Mensch, der auf ein bürgerliches Amt Anspruch erhebt, wenigstens Lesen und Schreiben können müsse. Dabei vertritt er den antisozialen Standpunkt, daß der kostenlose Unterricht abgeschafft werden müsse, da der Schüler besser lerne, wenn er den Unterricht bezahlen müsse und der Lehrer besser unterrichte, wenn er bezahlt würde. Hierzu ist zu bemerken, daß ja nicht der Schüler den Unterricht bezahlt, sondern die Eltern und einem Kinde die Einsicht abgeht, daß es etwas leisten müsse, weil die Eltern Schulgeld zahlen. Zweitens ist es Sache des Staates, die Lehrer menschenwürdig zu honorieren, besonders da im Falle der „*Éducation publique*" Patrioten erzogen werden sollen. Endlich schließt Mirabeau mit dieser Ansicht Millionen von Bürgern vom öffentlichen Leben aus, die den gleichen Anspruch auf Förderung haben wie jene Bürger, denen dank ihres Vermögens sowieso alle Pforten der Bildung aufstehen. Er führt fortgesetzt den Fortschritt im Munde und schließt nicht nur die Armen, sondern auch die Frauen davon aus; er hat in seinem Leben nicht einen Tag ohne Frau sein können, und aus Ärger über die unüberwindliche Schwäche und Unterlegenheit verweist er sie auf ein sorgfältig behütetes Haus, wo sie, von aller Bildung ausgeschlossen, ihr Frauenschicksal auf sich nehmen möchten. Theologische und juristische Lehrstühle erklärt er für entbehrlich; denn da diese Texte bereits kanonisch seien, könne man sich in diesen Wissenschaften hinreichend aus guten Büchern belehren und habe die Vermittlung eines Lehrers nicht nötig.

Er läßt ganz außer acht, welche Rolle die Persönlichkeit des Lehrers im Unterricht spielt. Er spricht da als überrationaler Franzose und als Autodidakt. Besondere Aufmunterung und Förderung wünscht Mirabeau den medizinischen und Naturwissenschaften, da sie der Menschheit am meisten nützten. Hier nimmt er noch einmal Rousseaus Standpunkt ein, der seinem *Émile* auch einzig die Lehrgegenstände nahe gebracht zu wissen wünscht, die ihm nutzen könnten. Selbst die Kunst wird in den Dienst des Nutzens gestellt. Eine Kunstrichtung, die nicht patriotisch ist, interessiert ihn nicht. Schon im „*Essai sur le despotisme*" hatte Mirabeau am Wesen der Kunst vorbei geredet, jetzt erkennen wir abermals, daß er Kunst etwa gleich stellte mit Handwerk. Der Sinn für den Eigenwert, für das Lebensfördernde, sich ewig neu Gestaltende in der Kunst ging ihm völlig ab. Er war wohl prachtliebend, aber im Grunde amusisch. Von den einzelnen Disziplinen der Kunst spricht er überhaupt nicht. Nur von der Kunst im allgemeinen. Um diese unaufhaltsamen Fortschritte und Entdeckungen auch einer breiteren Öffentlichkeit zu verkünden, sei es von Nöten, eine Zeitschrift zu gründen, die alles aufnimmt, was den Staat angeht; sie müßte füglich Beiträge über Ackerbau, Handel und Gewerbe, Politik, Moral, Naturkunde und Literatur liefern. Er hat leider vergessen, anzugeben, wie stark solch ein Universalheft sein dürfe. Und das ist schade. Denn diese Zeitschriftenhefte sind sozusagen sein Programm; sie sollen das ewige Lob über die guten Ernten der Aufklärung singen. „Auf diese Weise könnt ihr eure eigene wahre Glückseligkeit befördern." (S. 57) Es ist leider nur zu wahr, daß dieser berühmte Mann im Grunde vor der Revolution Furcht hatte. So hart müssen wir die „*Éducation publique*" beurteilen, wenn wir daran denken, daß ihr Verfasser 16 Jahre gegen die Tyrannei und für die Freiheit geschrieben hatte. Man spürt auch bei dieser Schrift, die nach ihrem Gegenstande gewiß mehr Sorgfalt verdient hätte, die Eilfertigkeit, mit der sie niedergeschrieben wurde. So kann die „*Éducation publique*" nicht einmal Richtlinie sein für einen Staat, der zum ersten Mal daran geht, den Unterricht auf staatliche Grundlage zu stellen und allgemein verbindlich zu machen.

X. Mirabeau in seinen Beziehungen zu Preußen

Als Mirabeau vor Gericht gegen seine Frau plaidierte, hatte er durch sein rednerisches Talent das Herz des Volkes gewonnen. Es trug den Besiegten im Triumph durch die Straßen. Seitdem wußte er, was er werden wollte und mußte: Staatsmann. Von 1785 an versucht er unablässig, im Staatsdienst eine Beschäftigung zu finden, die seinen Fähigkeiten angemessen ist. In Frankreich jedoch sind die Dinge noch nicht reif genug, und der herrschende Adel ist nicht gesonnen, seine Dienste anzunehmen. Auch in England waren seine Bemühungen, in den diplomatischen Dienst zu treten, gescheitert. Aber das kleine Preußen hatte im Laufe der Jahrzehnte sich mit viel Erfolg gegen die Habsburger durchgesetzt. Politische Vereinbarungen der Großmächte waren nicht mehr möglich, ohne sich über diese Pläne mit Preußen zu beraten. Preußen bildete nach einem Ausspruch Mirabeaus in Entscheidungen über Krieg und Frieden die Waage. Zudem war Friedrich der Große ein Mensch, der in Fragen der allgemeinen Bildung und der Philosophie lieber mit Franzosen konversierte als mit Deutschen, die er nach seiner Meinung am besten förderte, wenn er sich um sie überhaupt nicht kümmerte. Vielleicht war der französischer Kultur so geneigte König doch bereit, sich auch in Dingen der hohen Politik von einem Franzosen beraten zu lassen. Also reiste Mirabeau im Januar 1786 zum ersten Male nach Berlin ab. Vermöge seiner gesellschaftlichen Talente gelang es ihm sehr bald, beim Prinzen Heinrich, dem Bruder Friedrichs des Großen, eingeführt zu werden. Ja, es entspann sich so etwas wie Freundschaft zwischen Mirabeau und dem Prinzen Heinrich. Es bereitete dem Prinzen sichtlich Vergnügen, sich Episoden aus Mirabeaus buntem Leben erzählen zu lassen. Er erzählte seinem Bruder von dem interessanten Fremden, der es so gut verstand, in der Unterhaltung den Nagel auf den Kopf zu treffen. Er berichtete ihm, wie Mirabeau der Bewunderung voll sei für das preußische Staatsgefüge und es sich zur Ehre anrechnen würde, wenn er in Audienz bei ihm empfangen würde. Bereits am 22. Januar 1786 konnte Mirabeau es wagen, schriftlich um die Erteilung einer Audienz zu bitten. Am 23. Januar 1786 antwortet Friedrich der Große überaus freundlich und empfängt ihm am 25. Januar 1786. Weitere Audienzen folgten. An den Empfang vom 25. Januar 1786 schließt sich noch ein kurzer Briefwechsel zwischen Mirabeau und Friedrich dem Großen an, woraus wir entnehmen müssen, daß in dieser ersten Unterhaltung der Rahmen des Konventionellen nicht überschritten und Mirabeau keinerlei Hoffnungen auf Verwendung im preußischen Staat gemacht wurden. Er setzt in diesem Brief auseinander, er habe Frankreich mit Erlaubnis seines Herrschers verlassen, da er in seiner Ehre durch den Finanzminister Calonne bedroht worden sei für die wertvollen Ratschläge, die er diesem Minister erteilt habe. Er werde französischen Boden erst wieder betreten, um nach dem Tode seines Vaters die beträchtliche Erbschaft, die seiner harre, anzutreten. Da die preußische Regierung zu vollkommen organisiert sei, so könne er sich wohl leider nicht schmeicheln, in diesem bestgeleiteten Staate Europas nützlich zu sein. Dies wäre zweifellos sein brennendster Ehrgeiz gewesen. Aber Rußland sei eine erst im Entstehen begriffene Nation und könne Ausländer am nötigsten gebrauchen. Er werde also in absehbarer Zeit diese wilde Gegend aufsuchen, um zu versuchen, am russischen Hofe Verwendung zu finden. Friedrich der Große antwortet ihm darauf in voller Höflichkeit für die Unterbreitung seiner Zukunftspläne, versichert ihn seines Interesses und seiner guten Wünsche für seine zukünftigen Unternehmungen und erklärt zum Schluß, es würde ihm ein Vergnügen sein, ihn noch einige Male zu sehen und zu sprechen, solange er sich in Berlin aufhalte. Der alternde König dachte also nicht daran, Mirabeau in seinen Staatsdienst aufzunehmen. Immerhin hatte er ihm seine Sympathie bekundet. Da Mirabeau im Ernst natürlich nicht willens war, nach Rußland zu reisen, schon weil dieses Imperium von einer Frau beherrscht wurde und Mirabeau ja von den politischen Fähigkeiten der Frauen, und auch Katharinas, wie gelegentliche Briefstellen Mirabeaus beweisen, nichts hielt, so galt es, die freundliche Gesinnung Friedrichs zu benützen, um Studien über ihn, seinen Hof, das Berliner Gesellschaftsleben, die Berliner Juden, die wirtschaftlichen Verhältnisse anzustellen und sie schriftstellerisch auszuwerten. Am 19. April 1786, dem Tage seiner Abreise nach Paris, schreibt er an Madame de Néhra und berichtet ihr von dem tiefen Eindruck, den die Gestalt des schwer leidenden Königs auf ihn gemacht habe. In dieser letzten Unterhaltung hat er versucht, das Gespräch vom Thema der Toleranz auf die Reformen für die Juden hinzulenken, stieß jedoch auf Unverständnis. Mirabeau erkennt sofort, daß Preußen alsbald seinen großen Herrscher verlieren werde und daß mit dem völlig anders gearteten Nachfolger Preußen einen neuen, wahrscheinlich weniger glückhaften Kurs einschlagen werde. Natürlich besaß Frankreich in Berlin einen Gesandten, dessen Aufgabe es ohnehin war, sein Land über die politischen Vorgänge in Preußen auf dem Laufenden zu halten. Aber Mirabeau erblickte hier auch noch eine interessante, kulturelle Aufgabe für sich, da er der Ansicht war, daß er noch besser als der französische Gesandte Kontakt mit den in Frage kommenden Kreisen finden werde und daher imstande sei, seiner Regierung wertvolle Berichte nach Paris über die Wandlungen in Preußen zu schicken. Nach Überwindung einiger Schwierigkeiten wurde er als geheimer Berichterstatter mit einem kleinen Gehalt nach Berlin geschickt, da man ihn schon lieber in Berlin als in Paris sah. Seine Berichte waren denn auch so aufschlußreich, daß sie für die französische Regierung wichtiger wurden als die Nachrichten ihres offiziellen Gesandten, Herrn d'Esterno. Die Folge war die Feindschaft d'Esternos mit Mirabeau, der diesen begabten Menschen mit seiner Eifersucht verfolgte und Mirabeau durch Erzählung von Details seiner stürmischen Jugend kompromittierte. So trat eine Abkühlung ein in dem Freundschaftsverhältnis Mirabeaus zum Prinzen Heinrich. Er war allmählich in den Berliner Hofkreisen kaltgestellt. Er rächte sich dafür dadurch, daß er die Kopien seiner Berichte, die den frömmelnden Hof Friedrich Wilhelms II. bloßstellten, an seinen Buchhändler verkaufte und veröffentlichen ließ. Erstaunlich ist, wie gerade dem Fremden viel stärker zum Bewußtsein kam, welchen Kopf Preußen in Friedrich dem Großen verlor, als der Berliner Bevölkerung. Die preußische Bevölkerung hatte besonders seit dem Siebenjährigen Kriege unter dem verstärkten Steuerdruck gelitten, der die Einwohner belastete. Sie sahen in ihrem Herrscher vor allem den unfrohen Gesellen und ewigen Nörgler. Von dem viel liebenswürdigeren Nachfolger erhofften sie Aufhebung der bedrückenden Steuerlasten und die Förderung der einheimischen Kunst. So kam es, daß man beim Tode Friedrichs wohl „nachdenklich, aber nicht betrübt war". Nur der General Moellendorf weinte und sagte, er habe seinen Freund verloren. Der Berliner hoffte darauf, daß unter dem lebenslustigen und problemlosen Friedrich Wilhelm II. wieder Hoffeste gefeiert werden würden und er endlich zu seinem Vergnügen komme. In der Tat schildert uns Mirabeau die Berliner Gesellschaft als auffallend verschwendungs- und vergnügungssüchtig, dabei flach in der Unterhaltung. Anregung und Belehrung zog er nur aus der jüdischen Berliner Gesellschaft, die sich, wie uns die Briefe von Henriette Herz und Rahel von Varnhagen beweisen, noch nach Jahrzehnten Mirabeaus in Bewunderung und freundschaftlicher Gesinnung erinnerten. Das jüdische Problem wurde in diesen Salons mit Mirabeau eingehend diskutiert. Es gelang Mirabeau jedoch nicht, irgend etwas für die Juden bei Friedrich dem Großen zu erreichen. Nur eine Denkschrift über die notwendigen Reformen der Juden brachte er von diesem Berliner Aufenthalt nach Paris. Endlich in der französischen Revolution trug diese Arbeit Früchte, als man sich entschloss, die französischen Juden allen anderen ordentlichen französischen Staatsbürgern gleichzustellen. Mit besonderer Bewunderung hat Mirabeau von Moses Mendelssohn gesprochen, er rühmt seine Lauterkeit und seine philosophischen Ansichten. Durch Mendelssohn wurde ihm wenigstens der Name des Königsberger Philosophen bekannt, wenngleich Mirabeau sich auch niemals die Mühe genommen hat, Kant zu studieren. Freundschaftliche Bande verknüpften ihn mit Mauvillon, der darauf angewiesen war, sein kleines Offiziersgehalt durch den Ertrag schriftstellerischer Arbeiten etwas aufzubessern. Er trug das Material zusammen für Mirabeaus Arbeit über die *Monarchie Prussienne*. Denn wenn Mirabeau auch sehr geschäftig war und viel Blick für soziologische Verhältnisse bekundete, so wäre es ihm dennoch unmöglich gewesen, das vielfältige Material dieser Arbeit in so kurzer Zeit zusammenzutragen. Diese Quellen konnten nur einem Preußen bekannt sein. Im ganzen also sah sich Mirabeau auch in Preußen in seinen Hoffnungen, endlich eine ihm adäquate Beschäftigung im Staatsdienst zu finden, betrogen. Das Berliner Jahr ist doch nur als vorbereitende Schulung für den künftigen Staatsmann zu werten. Er schöpfte daraus die Erfahrung, daß er zu allen Zeiten mit erheblichen Widerständen gegen seine Person zu kämpfen haben werde. Er vertiefte hier seine Menschenkenntnis. Als daher in Frankreich die Generalstände seit 1614 zum ersten Male wieder einberufen wurden, verließ Mirabeau seinen Posten als geheimer Berichterstatter und eilte nach Paris, um endlich bei den Reformen, die nun kommen würden, mit aktiv sein zu können.

XI. Mirabeau als Redner nach den herausgegebenen Sitzungsberichten

In seinen langen Wanderjahren hatte Mirabeau also gleich vielen anderen namhaften Schriftstellern die französische Revolution mit vorbereitet. In seiner Schrift „*Aux Bataves sur le Stathouderat*" schreibt er selbst etwas zynisch: „Parmi les Français qui liront cet écrit, il en est qui, remarquant mon nom dans le titre, dirons avec délices: Le voilà, cet homme incendiaire, qui n'aime ni le despotisme, ni les lettres de cachet, ni les prisons d'état, ni le patriciat, ni les décorations, ni les traités de partage: il dévoile enfin son âme toute entière, il conseille masque levé, la révolte et le carnage."[48] (S. 289)

Endlich waren für den Mai 1789 die Generalstände nach Paris einberufen worden, und Mirabeau eilt gleichfalls in die Hauptstadt als Deputierter des dritten Standes. Sogleich lenkte er alle Blicke auf sich. Sein ungeheurer Haarwuchs, sein Löwenkopf, seine markante Häßlichkeit erweckten Staunen und fast Schrecken. Neben ihm verblaßten alle anderen Gestalten zu Schatten. Er war unglücklicherweise ein Mann seiner Zeit und seiner Klasse, lasterhaft wie der wurmstichige Adel, überdies anstößig und lärmend. Die Welt war voll von seinen Abenteuern und Gefangenschaften. Die Tyrannei seiner begehrlichen Leidenschaften hatte ihn oft weit in die Niederungen geführt. Sein geiziger Vater hatte ihm stets weniger Rente ausgesetzt, als er bei bescheidensten Ansprüchen gebraucht hätte. Und wir wissen, daß die Vokabel Bescheidenheit in Mirabeaus Lexikon überhaupt nicht existierte. So besaß er außer den Lastern der Reichen auch die moralischen Miseren der Armen. Tyrannei der Familie, Tyrannei des Staates, Tyrannei der Gesellschaftsmoral, seines inneren Zustandes, der Leidenschaft. Niemand mochte die Morgenröte der Freiheit freudiger begrüßen als Mirabeau. Er wollte mit Frankreich wieder jung werden, seine Fehler von sich abstreifen. Nur mußte er am Leben bleiben. Er trug seinen ungeheuren Kopf hoch, sein Blick war voll Kühnheit. Jedermann ahnte in ihm Frankreichs Stimme.

---

[48] Unter den Franzosen, die diese Schrift lesen, ist er es, wenn sie meinen Namen im Titel bemerken, von dem sie mit Freuden sagen werden: Sieh da, dieser aufrührerische Mann, der den Despotismus, die Verhaftungsbefehle, die Staatsgefängnisse, das Patriziat, die Orden, die Erbverträge nicht liebt: schließlich enthüllt er seine ganze Seele, er rät mit erhobener Maske zu Revolte und Blutbad.

Frankreich war aufgewühlt in seinen Tiefen. Und Mirabeau war beschwingt vom Atem der Jugend. In diesen bewegten Zeiten prägte Mirabeau das Wort: „Das Recht ist der Herrscher der Welt." Dieses Wort ist die erhabenste Formel des ausgehenden 18. Jahrhunderts. In diesem Wort ist Mirabeau bester Rousseau. Im *„Glaubensbekenntnis des savoyischen Vikars"* sagt Rousseau: „Der allgemeine Wille ist das Recht und die Vernunft." – „Euer gemeinsamer Wille ist die Vernunft selbst." Doch abermals war Frankreich noch schlaff und schwunglos. In einer tatbereiten Zeit konnten Rousseaus Formulierungen nicht mehr zünden, und darum spricht Mirabeau: „Das Recht ist der Herrscher der Welt." Vor dem Licht dieses Wortes konnten feindselige Geister die Augen verschließen; aber seiner Glut sind sie unterlegen. Seitdem die Lüfte dieses glühende Wort weitergetragen hatten, hatte die Temperatur in Frankreich gewechselt und riß alle Handelnden mit der Leidenschaftlichkeit der Jugend mit sich fort. Mirabeau stürzte sich in die Beratungen mit dem Eifer und der Glut eines Besessenen. In seiner Zeitung *„Le Courrier de Provence"* (Bote der Provence) besprach er alle zur Debatte stehenden Fragen bis in die Details. Zunächst handelt es sich in Versailles um die Prüfung der Wahlvollmachten und um die Frage: getrennte oder gemeinsame Beratung der drei Stände Adel, Geistlichkeit und dritter Stand. Im Jahre 1614, bei der letzten Versammlung der Generalstände, waren die Deputierten nach den verschiedensten höchst ungleichen Wahlmodi gewählt gewesen, hatten getrennt beraten und während der Dauer der Sitzungen den unfruchtbarsten Kastenkrieg geführt. Jetzt hatte Necker für den dritten Stand die doppelte Vertretung durchgesetzt – sechshundert statt dreihundert Köpfe – und so kam es für die Zukunft Frankreichs und der Revolution darauf an, gemeinsam zu beraten und nach Köpfen, nicht nach Ständen abzustimmen. Mit diesen Beratungen verstrichen sechs Wochen. Da konstituierte sich am 17. Juni 1789 der dritte Stand allein als „Nationalversammlung", nachdem die Vollmachten seiner Mitglieder sämtlich geprüft waren. Dieser kühne Schritt, durch den der zahlreichste Stand und der einzige, dessen Vollmachten legalisiert waren, sich zum Vertreter Frankreichs erklärte und die beiden anderen nicht anerkannte, bis sie sich der Prüfung unterzogen hätten, löste auf einmal die bisher unentschiedenen Fragen und verwandelte die Versammlung der Stände in eine Versammlung des Volkes.

Mirabeau beteiligt sich mit ganzer Seele an diesen Versammlungen. Einhundertfünfzig meist sehr umfangreiche Reden hat er in seiner kurzen parlamentarischen Laufbahn gehalten. Einige sind knapp und schreiten direkt auf das Ziel los, andere enthalten bis zu 14 Druckseiten, ein beträchtlicher Umfang, wenn man berücksichtigt, daß die Versammlung teilweise unter dem Druck der königlichen Truppen oder dem der Straße stand, jede Minute kostbar und sofortiges Handeln geboten war. Von frühester Jugend an ist Mirabeau ein verzehrendes Interesse für alle öffentlichen Angelegenheiten zu eigen gewesen, welches er, mit maßlosem Eifer lernend, lesend und schreibend allen Ablenkungen, Verwicklungen und Gefährdungen seiner privaten Existenz zum Trotz betätigt hat. Jetzt endlich darf er sich redend mit diesen Gegenständen beschäftigen. Reden jedoch, Mann der Öffentlichkeit sein, ist ein Bedürfnis des südlichen Menschen, von dessen unwiderstehlich gebieterischem Zwange wir uns kaum eine Vorstellung machen können. Leidenschaft für den Stoff, Leidenschaft für dessen mündliche Behandlung ist also das Primäre, und Mirabeau ist der geborene politische Redner. Er hat die instinktive Witterung für die Stimmung der Hörerschaft, er errät, von seiner Menschenkenntnis geleitet, im Augenblick die Absichten der Gegner und hat seine größten Wirkungen erzielt, wenn er ihre eigentlichen Motive enthüllte und nackt herausschälte, was sie zu maskieren wünschten. Niemand hat wie er die allgemeine Stimmung mit sich gerissen durch eine einzige Schmeichelei, eine einzige Drohung. Die Fluten rollten um ihn, ohne ihn zu bewegen. „Verleumder", „Mörder", „Halunke" scholl es ihm einmal entgegen. Er hielt einen Augenblick inne, wandte sich an die Wütendsten und sagte mit honigsüßer Stimme: „Ich warte, bis Sie mit Ihren Lieblichkeiten fertig sind." Dann fuhr er ruhig fort, als wenn man ihm einen freundlichen Empfang bereitet hätte. Seine Stimme war voll, männlich sonor, von sinnlichem Reiz, gleichmäßig, aber geschmeidig und, ob leise oder laut gebraucht, bis in den letzten Winkel des Saales verständlich. Er begann mit einiger Verlegenheit, zögerte oft, aber so, daß er das Interesse erregte. Man sah ihn den angemessensten Ausdruck suchen, die Bezeichnungen wählen, verwerfen und wägen, bis er Feuer fing. Unglaublich war die Geschicklichkeit, mit der er die zahllosen Bleistiftzettelchen, die man ihm auf die Tribüne reichte, las, während er sprach, und sie in den Zusammenhang seiner Rede verflocht. Bei alledem wahrte er die Ernsthaftigkeit eines altrömischen Senators, trug das Haupt sehr hoch, zeigte bisweilen eine starke Geringschätzung der Gegner, verletzte aber nie die parlamentarischen Formen.

Es wird niemals völlig klar, was Mirabeau unter Volk und Menschheit versteht. Er hatte zwar, als 1789 der dritte Stand zusammentrat, und man die Begriffe „Volk" und „Nation" eifrig diskutierte, vorgeschlagen, man solle sich „Vertreter des Volkes" nennen; aber diese Rede wurde unwillig aufgenommen, und der dritte Stand entschied sich für den Vorschlag von Siéyès, man solle sich „Nationalversammlung" nennen. Denn der Begriff „Volk" (peuple) war unbeliebt; er roch zu stark nach Pöbel, und die Abgeordneten des dritten Standes waren durchaus der Ansicht, daß alle Einrichtungen, die sie schaffen würden, einem aufgeklärten Bürgertum zum Segen gereichen sollten. Vor der Masse graute ihnen allen; sie schaffte sich erst durch den Bastillesturm Geltung. Mirabeau war in diesem Punkte der gleichen Meinung wie seine Kollegen, und er sagte: „Les individus qui n'ont rien, perdent mal à propos leur temps dans les élections et se laissent facilement corrompre. Les exclure, c'est le seul moyen de leur inspirer l'envie de sortir de l'indigence."[49] Mirabeau konnte nach dieser geringen Meinung vom unwissenden Volk selbst nicht der Ansicht sein, daß ein gutes Gesetz genüge, um den Menschen zur Teilnahme am öffentlichen Leben zu befähigen, um ihn von Grund auf zu ändern, d.h. daß er seine Sklavenseele zerschlägt und wirklich für die Freiheit zu arbeiten imstande ist.

Auf Quertreibereien des vom Adel nachdrücklich bearbeiteten Königs antwortete die Versammlung am 20. Juni mit dem berühmten Eidschwur im Ballspielhause des Grafen von Artois: nicht eher voneinanderzugehen, als bis man eine Verfassung des Königreiches geschaffen und auf feste Grundlagen gestellt habe. Auch das hat Mirabeau mißbilligt. Die aristokratische Gegenseite operierte gegen den Ballhausschwur mit einer „königlichen Sitzung", einer sogenannten „lit de justice"[50], das heißt einem absolutistischen Eingriff in die parlamentarische Freiheit. „Ich befehle Ihnen, meine Herren", sagte der König, „sofort auseinanderzugehen und sich morgen früh in den abgesonderten Beratungsräumen, Stand für Stand, zur Wiederaufnahme Ihrer Arbeiten wieder einzufinden." Damit verließ er den Saal, gefolgt vom Adel und jenem Teil des Klerus, der noch nicht seinen Beitritt zum dritten Stande erklärt hatte. Die Deputierten des dritten Standes rührten sich nicht und verharrten schweigend auf ihren Plätzen. So vergingen einige Minuten. Da kehrte der Großzeremonienmeister des Königs, Marquis von Brézé, in den Saal zurück und wandte sich an Bailly, den Vorsitzenden des als Nationalversammlung konstituierten dritten Standes: „Sie haben die Befehle des

---

[49] Die Individuen, die nichts sind, vertrödeln ihre Zeit in den Wahlen und lassen sich leicht korrumpieren. Sie auszuschließen, ist das einzige Mittel, ihren Neid anzustacheln, der Armut zu entkommen.
[50] Wörtlich: Bett der Justiz. Gemeint ist eine Sitzung des Parlaments in Anwesenheit des Königs. Der König saß auf einem von einem Baldachin überdachten Königsthron, der an ein Bett erinnerte.

Königs gehört?" Bailly antwortete zögernd: „Ich werde die Versammlung nach ihren Befehlen fragen." Da sprang Mirabeau auf und rief die so wohlbekannten Worte: „Wir haben die Worte gehört, die man dem Könige eingegeben hat. Sie aber, der Sie hier weder Platz noch Stimme noch das Recht zu reden haben, Sie sind nicht der Mann, uns an seine Rede zu erinnern. Gehen Sie hin und sagen Sie denen, welche Sie herschickten, daß wir hier sind durch den Willen des Volkes und daß wir nur von hier weichen werden durch die Gewalt der Bajonette." Unter allgemeinem Händeklatschen verläßt Herr von Brézé den Saal. Arbeiter kommen, um die Bänke hinauszutragen. Truppen durchziehen den Saal. Die königliche Leibwache stellt sich an den Türen auf. Aber Siéyès schlägt vor, weiter zu tagen und Mirabeau besteigt abermals die Tribüne. Er hatte sich in Mut geredet. Jetzt gilt es, der Vorsicht ihren Tribut zu zollen. So schlägt er einen Erlaß vor, in welchem er den dritten Stand als Nation und als unverletzlich erklärt, und sofort beginnt der dritte Stand im Namen der Nation Souverainität auszuüben, zu beschließen, zu bestimmen. In der brüsken Zurückweisung des königlichen Befehles erweist er sich als Republikaner entgegen seinem sonst maßvollen Verhalten der Krone gegenüber. Aber bei Mirabeau entscheidet stets die augenblickliche Situation. Bisweilen läßt sich auch der Schauspieler in ihm vom Pathos fortreißen, der eitle und auf augenblickliche Wirkungen bedachte Demagog in ihm überrumpelt den vorausschauenden Staatsmann. Wer das Wort so in der Gewalt hat, läuft eben auch Gefahr, daß das Wort ihn in die Gewalt bekommt. Es ist nicht möglich, Mirabeau als Redner darzustellen, ohne den Gang der Ereignisse der Französischen Revolution einzuflechten. Was wird der König nach Mirabeaus entschlossenen Worten tun? Er hatte seine Befehle in einem Tone gegeben, als habe er nur noch die Regimenter anrücken zu lassen. Er tat nichts. Vier Tage später befahl er dem Adel, sich der Nationalversammlung anzuschließen. So hieß er am 27. Juni 1789 den Entschluß des 17. Juni gut, nachdem er ihn am 23. Juni aufgehoben hatte. So geriet Ludwig XVI. gleich zu Beginn ins Schlepptau der Revolution, deren Führer er hätte sein können. An diesem Tage soll Mirabeau „vom Eindringen der Demokratie" gesprochen haben. Dumont will gehört haben, wie Mirabeau ausrief: „So führt man Könige zum Schafott." Ludwig XVI. gab jedoch nur scheinbar nach und ließ Truppen von der Grenze kommen, schließt die Versammlung durch die Truppen ein und schneidet sie von Paris ab. Mirabeau setzt am 8. und 9. Juli eine Bittschrift auf, in der er darauf hinweist, daß die Maßnahmen des Königs überflüssig und sogar gefährlich seien; denn in keinem Augenblick war das Volk vernünftiger und vertrauensvoller, da es auf den Wiederaufbau des Königreiches hofft. Die Gegenwart der Nationalversammlung sei die beste Bürgschaft für die öffentliche Ruhe. Die Gegenwart der Truppen hingegen erzeuge allgemeine Gärung bei der hungrigen Bevölkerung, für die das Stück Brot bereits Luxus bedeute, das dem Soldaten wie Manna in den Schoß falle. Nach sehr artigen vorausgeschickten Treue- und Ergebenheitskundgebungen: „Wir lieben unseren König; wir segnen den Himmel für das Geschenk, das er uns in seiner Liebe eingegeben hat" – aber möchte man an die Ironie dieser Worte als an eine aufrichtige Gesinnung glauben – beschwört Mirabeau den König im Namen seines Glückes und Ruhmes, die Truppen an die Grenze zurückzuziehen, auf daß sie die Heimat verteidigen und nicht sie beunruhigen. Der König lehnt es am 11. Juli hochmütig ab und schlägt der Versammlung vor, nach Noyons oder Soissons zu übersiedeln. Er entläßt Necker und beruft ein Staatsstreichministerium. Dies sind die Ergebnisse des 11. Juli 1789. Die Nationalversammlung ist bereits willens, dem Könige nachzugeben; Mirabeau allein leistet Widerstand; die Nationalversammlung könne nicht wünschen, sich zwischen zwei Truppenkorps niederzulassen. Am 8. und 9. Juli war er geradezu als ergebener Untertan aufgetreten; er versichert auch jetzt noch, daß er dem Könige den schuldigen Respekt erweise. „Aber ich beabsichtige auch nicht, schüchtern, inkonsequent und zögernd vorzugehen." Die Anwesenheit der Truppen störe die öffentliche Sicherheit. Durch die Übersiedlung der Nationalversammlung würde sich dieser Zustand verschlimmern. Es gelte daher nur e i n e Haltung einzunehmen: „Unnachgiebig auf der Truppenzurückziehung zu bestehen, die einzige Möglichkeit, sie durchzusetzen." Dies war Mirabeaus letzte republikanische Tat. Der Krieg ist erklärt Auf der einen Seite steht der König, gestützt auf die Adligen, auf der anderen Seite die Nationalversammlung als Vertreterin der Nation. In diesem Kampf zwischen Vergangenheit und Zukunft schien die Sache des Rechts verloren. Man brauchte nur die Regimenter anrücken zu lassen, die Führer der Versammlung zu verhaften und die anderen in die Provinz zurückzuschicken. Die unbewaffneten Volksvertreter hätten keinen Widerstand leisten können. Die Auseinandersetzung der Nationalversammlung hätte allerdings nicht Frankreichs Zustimmung gefunden, und sie war nötig, wollte der König das Geld erhalten, das er dringend brauchte. Er hätte also später andere Generalstände einberufen müssen. Aber er hätte damit die Revolution aufgeschoben. In dieser Situation unterstützte das verachtete Volk von Paris die Nationalversammlung in seinem gewagten Schritt: es erstürmte am 14. Juli 1789 die Bastille. Darauf endlich zieht am 15. Juli der

König die Truppen zurück, nachdem Mirabeau in dieser Sache ein neues, nunmehr sehr energisches und selbstbewußtes Schreiben an die Deputation des Königs aufgesetzt hat. Die Lage ist verändert. Statt von einem Söldnerheer einschlossen zu sein, wird die Nationalversammlung von mehreren Millionen bewaffneter Franzosen geschützt. Vor dem 14. Juli sprach sie im Ton verletzter Würde. Nach dem 14. Juli spricht und handelt sie als Souverain. Sie setzt einen Untersuchungsausschuß und einen Berichterstattungsausschuß ein, und ein Plan taucht auf, ein Gericht zur Aburteilung der Verbrechen gegen die Nation einzusetzen; einstweilen werden sie von der Nationalversammlung selbst gerichtet. Am 23. Juli setzt Mirabeau durch, daß auch die Gemeinden nach dem Prinzip der Nationalversammlung umgestalten würden: d.h. Verschmelzung der drei Klassen, Wahlfreiheit, Entziehbarkeit der Ämter. Die Einzelheiten mögen die Gemeinden selbst bestimmen. Amerika sei darin ein vorbildliches Muster. Das Land sei in mehrere Staaten geteilt, diesem Staat bleibt die Wahl ihrer Regierung überlassen, vorausgesetzt, daß sie republikanisch sei und am Bündnis teilnehme. Endlich erfaßte der Hauch revolutionärer Begeisterung, der von Paris aus ganz Frankreich ergriffen hatte, auch die Nationalversammlung. In der Nacht des 4. August 1789 hieß sie die vollendete Tatsache gut und erklärte das Feudalwesen für abgeschafft. Mirabeau weilte zu der Zeit gerade in der Provence, da sein Vater gestorben war, um sich um die vermeintliche Hinterlassenschaft zu kümmern. Da er also der Suggestion dieser Selbstentäußerung der Vertreter der Nationalversammlung persönlich entrückt war, konnte er diesen Schritt kühl als übereilt beurteilen. „Einen ganzen Monat haben sie sich über Silben gestritten, und nun warfen sie in einer Nacht die ganze alte Ordnung der Monarchie über den Haufen." Er hörte nie auf, sich als Aristokrat zu fühlen und ließ sein Wappen an der Karosse anbringen, als man alle Privilegien abgeschafft hatte. Trotz dieses republikanischen Auftretens der Nationalversammlung vergötterten die Franzosen ihren König. Die Bauern, die die Schlösser stürmten, riefen dazu: „Es lebe der König!" Überall glaubt man den „Feudaldespotismus", die Geißel des flachen Landes, und den „Ministerdespotismus", die Geißel der Städte, zugunsten des Königtums zu stürzen. Die Masse weiß nicht, daß der König die „Nation" verraten und sich mit dem Adel verbündet hat, und auch der Adel, welcher am Aufbau des Königreiches mitarbeitet, bleibt trotz Kenntnis der Dinge königstreu. Die Dekrete vom 4. August 1789 erklärten Ludwig XVI. zum Wiederhersteller der französischen Freiheit. Tatsächlich ist der König nicht der Leiter dieser Bewegung; sie geschieht ohne ihn. Nachdem durch den Bastillesturm und die sich anschließenden Aufstände in Frankreich ein republikanischer Zustand geschaffen worden war, den die Nationalversammlung am 4. und 10. August sanktionierte, schritt sie auf diesem Wege weiter durch die Erklärung der Menschenrechte. Bereits am 14. Juli war ein Verfassungsausschuß von acht Mitgliedern ernannt worden. Die öffentliche Erörterung begann am 1. August, und zwar über die Frage, ob vor der Verfassung eine Erklärung der Rechte stattfinden solle oder nicht. Es handelte sich darum, die von den Amerikanern proklamierten Grundsätze in französischer Sprache neu zu verkünden. Der Verfassungsausschuß schlug vor, sie v o r der Verfassung schriftlich festzulegen. Dies war ein politischer Schachzug. Denn man legte die Grundlage der Verfassung, wenn man sie sofort verkündete. Damit sanktionierte man die Revolution. Mirabeau als Monarchist, der er stets war und bis zu seinem Tode geblieben ist, war zwar nicht über den republikanischen Charakter dieser Erklärung besorgt, wohl aber darüber, daß durch diese Erklärung die Proletarier in gleicher Weise Rechte erwürben wie die besitzenden Bürger. In seiner Zeitung, dem „*Courrier de Provence*" versteckt er seine eigene Meinung hinter der des Herzogs von Lévis und des Bischofs von Langres, um nicht offen als Reaktionär aufzutreten. Er meint, in dem gegenwärtigen Zustande des Überganges bestehe die Gefahr, daß das Volk seine Rechte mißbrauche. Dieses Volk sei wie ein Schlafwandler, der zwischen Abgründen schreite, und den man besser nicht aufwecke, weil ihn dies eher zugrunde richten als retten könne. Aber die Nationalversammlung hörte nicht auf diese Einwände und bestimmte, daß einstweilen zwar keine Erklärung der Pflichten, wohl aber eine Erklärung der Rechte erfolgen solle.

Es lagen mehrere Entwürfe von Lafayette, Siéyès, Mounier, Targot vor, in der Form verschieden, in der Sache ähnlich. Am 12. August wurde ein fünfgliedriger Ausschuß ernannt, um sie zu verschmelzen. Mirabeau wurde beauftragt, im Namen des Ausschusses am 17. August den Bericht vorzutragen. Er stand der ganzen Erklärung innerlich feindlich gegenüber, seine Rede wirkte schlecht, er selbst beantragte, die Erklärung der Menschenrechte bis nach der Verfassung zu vertagen. Der Bericht wurde an den Ausschuß zurückgewiesen, es wurde ein neuer Entwurf ausgearbeitet, welcher in der Woche vom 20. bis zum 26. August durchberaten wurde. Die 1200 Deputierten, die nicht zum knappen, klaren Ausdruck kommen konnten, wenn sie in Gruppen arbeiteten, fanden die richtige Formulierung im Lärm der öffentlichen Debatte, und so wurde binnen Wochenfrist die Erklärung der Rechte unter Dach und Fach gebracht. Ihrem Inhalt nach ist sie republikanisch, obwohl sie von monarchisch gesinnten Vertretern abgefaßt worden war. Vom Königtum ist überhaupt nicht die Rede. Denn die Nation regiere sich selbst, nicht nur tatsächlich, sondern von Rechts wegen. In der Sitzung vom 21. August wurden die ersten Artikel besprochen, in der Mirabeau für den ersten Artikel seine Fassung durchsetzte. Gewiß haben alle Menschen gleich freie Rechte. Aber es folgt die Einschränkung: „Soziale Unterschiede können nur auf allgemeine Nützlichkeit hin begründet werden." Diesen Satz kann man verschieden interpretieren. Tatsächlich diente er später dazu, das Zensuswahlsystem zu begründen. Am 22. August wurde über die gesetzmäßige Aburteilung der Bürger debattiert. Hier griff Mirabeau erfolgreich ein und betonte, daß nicht ein politisches Dogma aufgestellt werden dürfe, sondern der Grundsatz der Verantwortung bei der Ausführung des Gesetzes müsse Platz greifen, wenn man die persönliche Freiheit der Bürger zu sichern wünsche. Dieser Vorschlag wird angenommen. In der Debatte über die Ausübung des religiösen Kultes und der Toleranz dringt Mirabeau nicht durch. Man hielt es für angemessen, auf die mitarbeitenden Pfarrer Rücksicht zu nehmen, schließlich auch auf die Landbevölkerung, die durchweg katholisch war. Anstatt also die Gewissensfreiheit zu proklamieren, begnügte man sich damit, die Äußerung religiöser Ansichten zu gestatten, soweit nicht die öffentliche Ordnung dadurch gestört werde. Mirabeau hatte allerdings Recht, als er nach seiner vergeblichen Rede in der Sitzung auch noch in seiner Zeitung, dem *„Courrier de Provence"*, darauf hinweist, daß man solchergestalt die Intoleranz in die Erklärung der Menschenrechte hineinschmuggele. Denn auf Grund dieses Artikels könne man eines Tages den Nichtkatholiken die Religionsausübung untersagen.

In der Erklärung der Rechte, die vom 20. bis 26. August 1789 beraten und angenommen wurde, war die ganze demokratische und soziale Republik inbegriffen. Man hütete sich indessen, alle Folgerungen daraus zu ziehen. In wirtschaftlicher Hinsicht begnügte man sich mit der Abschaffung des Feudalwesens. Man befreite das Land wenigstens grundsätzlich und den Menschen. Das Erstgeburtsrecht wurde abgeschafft und die Erbfolge derart geregelt, daß der Grundbesitz in größerem Maße aufgeteilt werden konnte. Der Verkauf der Nationalgüter in Parzellen und Kleinbesitz beschleunigte diese Aufteilung. Den Grundsatz der Erblichkeit tastete man nicht an, obwohl er in Widerspruch zum Artikel 1 der Erklärung steht, wonach alle Menschen mit gleichen Rechten geboren werden. In politischer Hinsicht war man sich einig, die Monarchie zu organisieren. Keine noch so fortschrittliche Zeitung fordert damals die Republik. Man fuhr fort, den König zu lieben. Rabaut Saint-Etienne schreibt am 1. September: „Es ist undenkbar, daß irgend jemand in der Versammlung den lächerlichen Plan gefaßt hätte, die Monarchie in eine Republik zu verwandeln ...." Monarchisten also hatten über die Verfassung beraten, um die Monarchie umzugestalten. Sehr schwierig gestaltete sich die Formulierung des Artikels, der die Grenzen der Machtbefugnis des Königs festlegen sollte. Denn die „Nation", d.h. das neue Bürgertum, will einen König, der in ihrer Hand ist, aber stark genug bleibt, um sie gegen die Demokratie zu schützen. Daher will sie ihm das Einspruchsrecht nur mit aufschiebbarer Kraft gewähren. Die Frage des Vetorechtes des Königs wurde zum Brennpunkt des Kampfes zwischen Republikanern und Monarchisten. Da in einem Staate, in dem alle Standesvorrechte abgeschafft waren und in dem die bisher Bevorrechteten auf ihre Privilegien verzichtet hatten, ein Oberhaus als mäßigendes Element nicht möglich war, so hielt es Mirabeau gegenüber den umfassenden Befugnissen der Nationalversammlung für um so unerläßlicher, daß der monarchische Gedanke durch eine scharfe Fassung des königlichen Einspruchsrechtes zum Ausdruck gebracht werde. Hierfür plaidierte er am 1. September 1789. Der König erhebe die Beschlüsse der Legislative durch seine Sanktion zum Gesetz; aber er kann seine Zustimmung auch versagen. Er kann nicht gezwungen werden, Gesetze auszuführen, denen er nicht zustimmt. Er muß das Recht haben, gegen Beschlüsse, die er mißbilligt, sein absolutes Veto einzulegen. Die Verfassung wird durch die Ministerverantwortlichkeit, durch das Recht der Steuerverweigerung genügend Garantien gegen den Mißbrauch des Vetos haben. Im Grunde wünschte Mirabeau, daß sich der König gegen die neue bevorrechtigte Klasse, das Bürgertum, auf das Volk stütze. Dies begriff das Volk von Paris nicht. Gleichzeitig klatschte es zu seiner Rede Beifall und pfiff dazu. Die Republikaner benutzten die Frage des Veto zu Propagandazwecken. Sie machten dem Volk eine unheimliche Vorstellung davon. Viele hielten Veto für einen Mann von geheimnisvollem Einfluß. Einer fragte, in welchem Distrikte er wohne. Ein anderer beantragte, ihn aufzuhängen. Andere meinten, die Königin sei eine Steuer, die abgeschafft werden müsse. Die Bauern endlich glaubten, wenn der König das Veto hatte, könne er befehlen, die Suppe wegzugießen, die man eben essen wollte. Der Druck der Demagogen auf die Nationalversammlung war so heftig, daß man sich schließlich damit begnügte, dem König das aufschiebbare Veto zu gewähren, zunächst auf vier Jahre. Der König begriff von alledem gar nichts. Er fuhr fort, sich an den Adel zu halten. Indessen schritt die Demokratisierung der Monarchie auch ungewollt fort. Aber die Hinfälligkeit dieses halb monarchischen, halb republikanischen Gebäudes wurde schon damals von einigen Abgeordneten erkannt, und es fiel der Satz: „Ihr habt eine Republik gewebt und wollt eine Monarchie darauf sticken. Die Nadel bleibt hängen, und der Stoff wird nicht haltbar sein." Am 11. September wurde über die Frage: „Kann der König die Zustimmung zur Verfassung verweigern?" diskutiert. Die Abgeordneten waren der Ansicht, es sei gefährlich, sich mit einer Frage zu befassen, über die „allgemeines Einvernehmen" herrsche. Auch Mirabeau äußerte sich dazu in demselben Sinne: „Habe die Versammlung einen religiösen Schleier über die große Wahrheit gebreitet, daß eine Verfassung nicht der Bestätigung bedarf, so sei es geschehen, weil man geglaubt habe, die Verkündigung dieser Wahrheit sei unter den jetzigen Umständen gefährlich, aber der Grundsatz bestände doch fort und könne nie aufgehoben werden." Am 1. Oktober 1789 zwingt die Versammlung den König dazu, daß er eine Versammlung niemals ablehnen könne. Der König wurde so auf eine passive Rolle beschränkt. Am 5. Oktober erklärt der König, den Verfassungsartikel nur unter Vorbehalt anzunehmen, über die Erklärung der Menschenrechte weigert er sich, sich zu äußern. Da griff das Pariser Volk ein: eine bewaffnete Menge strömte nach Versailles, und der eingeschüchterte König gab seine bedingungslose Zustimmung. Das Volk entführte ihn nach Paris, wo er als halber Gefangener residieren mußte, und die Nationalversammlung folgte ihm dorthin. So hatte die Nationalversammlung zum zweiten Male gesiegt, wieder dank dem Volk von Paris. Nun war sie diesem Volk ausgeliefert. Fortan fürchtete die Nationalversammlung die Demokratie wie den Absolutismus – daher ihre Schaukelpolitik, bald gegen den König, bald gegen das Volk. Mirabeau ist der typischste Vertreter dieser Politik. Dem Hof gegenüber hat er stets beteuert, daß er mit den Ereignissen vom 5. und 6. Oktober nichts zu tun gehabt habe. Am 10. Oktober macht die Nationalversammlung aus dem König ein Doppelwesen; man nennt ihn fortan: „Ludwig von Gottes Gnaden und durch das Verfassungsgesetz des Staates König der Franzosen". Diese Formel stellt ein Flickwerk dar aus dem alten mystischen und dem neuen vernunftgemäßen Prinzip, dem alten Regime und der Revolution. Gegen die Demokratie beruft sie sich auf Gottes Gnade. Gegen den König und für die Bürgerklasse auf das Verfassungsgesetz. Dies nannte man in der damaligen politischen Sprache ein Geheimnis, das zu ergründen unpatriotisch war. Das meinte auch Mirabeau mit dem Ausdruck: „Die Plötzlichkeit des Überganges mildern." Am 14. Dezember beschließt die Nationalversammlung die Gemeindeordnung, welche die Freiheiten des Volkes einschränkte. Es erlaubte den Bürgern der Gemeinden, sich nur einmal und zu einem einzigen Zweck zu versammeln: zur Wahl der städtischen Behörden und zur Urwahl der Wähler, und es erlaubte dies nur den aktiven Staatsbürgern. Das ganze kommunale Leben konzentrierte sich gesetzmäßig in der Gemeindevertretung, die aus den wohlhabenden Bürgern durch ein Zensuswahlsystem hervorging. Daneben gab es nur noch die Jakobinerklubs, die die Revolution im Gange hielten, Frankreich zum Einheitsstaat machten und mittelbar zur Demokratie und zur Republik führten. In Mirabeau aber streiten sich die Prinzipien. Er hat erkannt, daß die Demokratie siegen wird, aber sein Herz klammert sich an das Königtum. Zunächst jedoch entfaltet er seine glänzende rednerische Begabung bei der Debatte über die 25 %ige Kapitalsteuer zur Vermeidung des Staatsbankrotts am 26. September 1789.

Der Finanzminister Necker hatte, um der dringenden Geldnot zu begegnen und den drohenden Staatsbankrott zu verhindern, den Vorschlag gemacht, daß jeder Bürger ein Viertel seines Einkommens als einmalige Steuer geben solle. Die Nationalversammlung war wenig geneigt, auf diesen gewaltsamen Plan einzugehen, ließ sich aber durch Mirabeaus Schlußrede hinreißen, mit großer Mehrheit den folgenden Beschluß anzunehmen: „In Anbetracht der Dringlichkeit der Umstände und nach Anhörung des Berichtes der Finanzkommission billigt die Nationalversammlung den Plan des Herrn Finanzministers." Bemerkenswert ist, daß Mirabeau hier als Bundesgenosse Neckers auftritt, dessen Finanzpolitik er sonst bekämpft hatte. Seit dieser Rede galt er als das unbestrittene Haupt der Nationalversammlung. Dumont berichtet darüber als Augen- und Ohrenzeuge: „Die, die diese Rede gehört haben, werden sie niemals vergessen; sie erregte alle Bewegungen des Schreckens; man glaubte, einen gierigen Abgrund sich öffnen zu sehen und das Stöhnen der verschlungenen Opfer zu hören. Der Triumph war so vollständig, wie er sein konnte; nicht der leiseste Versuch einer Entgegnung wurde gemacht. Die Versammlung wurde von jener herrischen Macht unterjocht, die sich einer Vielheit bemächtigt, als wäre sie nur ein einziges Individuum, und der Plan des Ministers wurde mit vollem Vertrauen gutgeheißen. Von jenem Tage an wurde Mirabeau als ein einzigartiges Wesen betrachtet; er hatte keinen Rivalen mehr. Andere waren Redner, er allein war beredt, und der Eindruck war um so lebhafter, als diese Rede eine plötzliche Antwort war, die nicht vorbereitet sein konnte, und als er in dem Augenblick, wo er sich allem, was man für ihn gemacht hatte, überlegen zeigte, alles sich selbst verdankte."

XII. Mirabeaus Gedanken zur Erneuerung des französischen Staatswesens im Vergleich mit den Ideen Montesquieus und Rousseaus

Nicht uninteressant dürfte nunmehr der Versuch sein, einmal herauszuschälen, wie der praktische Politiker Mirabeau sich zu den staatsumbildenden Ideen Montesquieus und Rousseaus verhielt, die er während seiner Schriftstellertätigkeit als Muster hingestellt hatte. Wieviel bewahrt er davon? Was wird davon für die Erklärung der Menschenrechte und die erste Verfassung akzeptiert? Rousseau sieht in seinen Werken völlig ab vom empirisch Gegebenen, d.h. davon, wie Mensch und Gesellschaft in Wirklichkeit aufgebaut sind. Sein natürlicher Mensch ist Richtpunkt und Maßstab, an dem er die soziale Gegebenheit mißt. Mirabeau geht stets von den gegebenen Tatsachen aus, d.h. nicht von dem unbeschriebenen Menschen, sondern vom Menschen, den das Leben gezeichnet hat. Er versteift sich nicht auf ein Prinzip, und sei es auch für die Zukunft erstrebenswert, sondern stellt in Rechnung, was die augenblicklich gelebte Situation erfordert; er geht langsam und schrittweise vorwärts, legalisiert die Situation, wie sie für den Augenblick nützlich ist. Nach dem geflügelt gewordenen Wort: „Sagen Sie Ihrem Herrn, daß wir hier durch den Willen des Volkes versammelt sind und daß man uns nur durch Bajonettgewalt auseinandertreiben kann", erkennt er sofort die Forderung der Stunde und erreicht, daß die Vertreter des Volkes sich sogleich als Nationalversammlung konstituieren, daß diese Vertreter unverletzlich seien, d.h. daß sie wegen ihrer Vorschläge, Warnungen, Ansichten oder Reden innerhalb der Nationalversammlung nicht verfolgt werden dürften. Er legalisiert die augenblickliche Situation, überwindet als Realpolitiker den Theoretiker Rousseau. An Mauvillon schreibt er über diesen Punkt: „Il y a une différence énorme entre voyager sur la mappemonde ou en réalité sur la terre. Le meilleur moyen de faire avorter la Révolution, c'est de trop demander."[51] Rousseau mißt die Welt an sich selbst, Mirabeau kennt alle Schwächen und Laster der Menschen und stellt sie bei all seinen Gesetzesvorschlägen stets in Rechnung. Alle seine

---

[51] Es besteht ein enormer Unterschied zwischen einer Reise auf einer Weltkarte und einer in der Realität auf der Erde. Das beste Mittel, die Revolution scheitern zu lassen, ist zu viel zu fordern.

Vorschläge sollen ein Bollwerk gegen die menschliche Schwäche sein. Während der Gefängnishaft beschäftigt sich Mirabeau noch mit dem Menschen, wie er sein soll, und in diesem Augenblick steht er Rousseau nahe. Als praktischer Staatsmann ist er Montesquieu viel näher. Er vergleicht, betrachtet die Welt und ihre Elemente. Er kümmert sich um die physischen oder moralischen Ursachen, die auf den Staat einwirken. Alle Ereignisse sind diesen Ursachen unterworfen. Diese Ursachen oder die Bedingungen des Lebens folgen bestimmten Gesetzen. Aus der Beobachtung dieser Bedingungen und Beziehungen des Lebens gelangt er gleich Montesquieu zu dem Schluß, daß die Gesetze notwendige Beziehungen sind, die sich aus der Natur der Dinge ergeben. Von freier Übereinkunft eines gemeinsamen Willens wie bei Rousseau, wovon Mirabeau früher gleichfalls geschwärmt hatte, kann in seiner praktischen Laufbahn als Politiker nicht mehr die Rede sein. Daher kann er in einer menschlichen Institution niemals etwas Absolutes sehen. In der Sitzung vom 22.8.1789 sagt er selbst: „Ich weiß nicht, warum man eine Frage bespricht, deren Stunde noch nicht gekommen ist. Wir machen eine Rechtserklärung; deshalb ist es unbedingt erforderlich, daß die vorgeschlagenen Dinge Gesetze sind, sonst werden alle beliebigen Prinzipien mit hineingebracht, und dann wäre es eine Prinzipiensammlung." Seine Betrachtungen beziehen sich auf das Relative, denn er ist ein praktischer Politiker und nicht Philosoph. Er studiert die Menschen und ihre Institutionen, wie sie sind und folgert aus den Mängeln, wie sie sein sollen. Das Wohl der Menschen im Staat besteht eben in der vollen und freien Betätigung seiner Bürger. Die Menschen sind verschieden; mit dieser Verschiedenheit muß man rechnen und sie nutzbar machen. Für Rousseau dagegen ist immer der reine Mensch, der natürliche Mensch, das Fundament, auf dem er seine Gebote aufbaut, und in dem Bestehen der Parteien sieht er nur den verderblichen Ausdruck partikulärer Willensmeinungen, einen Irrtum des Volkswillens. Mirabeau indessen sieht in Übereinstimmung mit Montesquieu im Bestehen der Parteien eine notwendige Voraussetzung für das richtige Wirken der Verfassung. Der *Contrat social* ist bei Rousseau nichts anderes als eine Idee, eine Richtlinie dafür, wie positives Recht und rechtliche Gemeinschaft überhaupt möglich sein sollen. Die Nationalversammlung ist für Mirabeau eine Körperschaft, die für ihre Rechte und Interessen in Tätigkeit tritt – wobei er zugibt, daß sie sich auch einmal irren könne – die sich für Ruhe und Ordnung einsetzt, die die Verfassung des Staates ausarbeitet. Für Rousseau war bei völliger Abhängigkeit der Regierung von der Gesetzgebung jener so oft geforderte Grundsatz der Gewaltenteilung und

Gewaltenhemmung nicht wichtig. Diesen Gedanken führt Rousseau im *Contrat social*, Buch 4, Kapitel 1, „der allgemeine Wille ist unzerstörbar" aus. Mirabeau hingegen betont in seiner Rede über das königliche Veto, daß eine Nation durch sich selbst nicht beide Gewalten ausüben könne; es ergebe sich vielmehr die Notwendigkeit einer anderen Art der Vertretung zur Ausübung der Befugnisse des Handelns oder der vollziehenden Macht. Mirabeau ist also gleich Montesquieu für strikte Trennung der Gewalten, da er das Moment und den Wert der gegenseitigen Kontrolle sehr richtig erkannt hat und zum Segen des Staates nutzbar machen will. Hier zeigt sich das praktische Genie Mirabeaus, der zwar lebensbejahend, aber pessimistisch in Bezug auf die charakterlichen Qualitäten seiner Mitmenschen es vorzieht, diesen Schwächen sofort einen Damm vorzubauen, während Rousseau als Idealist sich über diese praktischen Gegebenheiten hinwegsetzt. Rousseau baut mit seinen Ganzheitsansprüchen das beste Fundament für eine Diktatur. Formulierungen wie: „Das Ziel der Abstimmung ist niemals, diesem oder jenem Interessenkampf Ausdruck zu verleihen, sondern Bejahung oder Ablehnung einer Frage, je nachdem sie „im Gesamtinteresse liegt oder nicht", bedeuten die Knechtung der Individuen, die den Gesellschaftsvertrag miteinander geschlossen haben. Der Satz: „Parteien sind die gefährlichste Quelle der Irrtümer des Volkswillens" liefert uns den Beweis für das rein statische Denken Rousseaus und stellt die Verabsolutierung einer ein für alle Mal als richtig und fortschrittlich erkannten Situation. Rousseau folgert: da alle natürlichen, freien Menschen sich zu einem einzigen Willen zusammen geschlossen haben, müssen sie in alle Ewigkeit als ein einheitlicher, unversehrter Körper auftreten und handeln. Das ist ein irriger und fatalistischer Standpunkt, der weder mit den geschichtlichen, sozialen, klimatischen, geographischen und psychischen Gegebenheiten des Menschengeschlechts noch mit seinem ständigen inneren Wandel rechnet. Diese Art Freiheitsstaat führt durch seine Starrheit direkt zur Despotie.

Auch Mirabeau ist nicht frei von diesem Fehler. Sein genialer politischer Instinkt gibt ihm zwar die geschicktesten Formulierungen für die Gesetze ein, die der Augenblick gerade erheischt, und als Gesetzesschöpfer läßt er sich niemals von einer starren Doktrin leiten weder von Rousseau noch von Quesnay oder Montesquieu, sondern er meistert die Situation des Augenblicks. Aber er ist in dem Irrtum befangen, daß ein Volk, daß sich einmal gute Gesetze gegeben habe, sich nun nicht mehr um juristische Fragen (siehe seine *Éducation publique*) zu kümmern brauche, da ja alles getan sei. Er zeigt sich da als plattester Fortschrittsfatalist, als wenn ein gutes Gesetz hinreiche, einen Menschen zu bilden. Gegen diesen flachen Rationalismus und die Sentimentalität eines Rousseau, dessen Grundsätze im „*Émile*": „Mensch sein" und „Gefühl ist alles" die deutschen Gaue in Erregung setzte, hat sich sehr treffend Hegel in der „*Phänomenologie des Geistes*" (Seite 62) gewendet: „Es ist nicht erfreulich zu bemerken, daß die Unwissenheit ..., die unfähig ist, ihr Denken auf einen abstrakten Satz, noch weniger auf den Zusammenhang mehrer festzuhalten, bald die Freiheit und Toleranz des Denkens, bald aber Genialität zu sein versichert ... Wird ihm (dem natürlichen Denken) die Unbedeutenheit derselben (seiner trivialen Wahrheiten) vorgehalten, so versichert es dagegen, daß der Sinn und die Erfüllung in seinem Herzen vorhanden sei, und auch so bei anderen vorhanden sein müsse, indem es überhaupt mit der Unschuld des Herzens und der Reinheit des Gewissens und dergleichen letzte Dinge gesagt zu haben meint, wogegen weder Einrede stattfinde, noch etwas weiteres gefordert werden könne. Es war aber darum zu tun, daß das Beste nicht im Innersten zurückbliebe, sondern aus diesem Schacht zu Tage gefördert werde ... Das Widermenschliche, das Tierische besteht darin, im Gefühl stehen zu bleiben und nur durch dieses sich mitteilen zu können."

Auch die Stellung des Oberhauptes eines Staates sieht Rousseau viel simpler an als Mirabeau. Da nach Rousseau das Staatsoberhaupt kein dem allgemeinen Willen zuwiderlaufendes Interesse haben kann, bedarf die oberherrliche Macht den Untertanen gegenüber auch keiner Einschränkung. Mirabeau dagegen greift auf die Idee Ludwigs XI. zurück, daß König und Bürgertum sich gegen den selbstsüchtigen Adel zusammenschließen und folglich dem König das suspensive Veto als Schutzwehr gegen die Entstehung einer neuen Aristokratie zugebilligt werden müßte. Damals wurde Mirabeau weder vom Volk, noch vom König, der fortfuhr, mit dem wurmstichigen Adel gemeinsame Sache zu machen, begriffen. Überhaupt ist an dieser Stelle zu bemerken, daß Mirabeau in seiner politischen Tätigkeit ebenso gehaßt wie bewundert wurde. Er hielt wohl fast keine Rede, zu der das Volk nicht auch gepfiffen hätte. Aus der Aufstellung der freiheitlichen Prinzipien, die wir im Anhang beifügen, sowie aus unseren Darlegungen erkennen wir, daß der praktische Politiker sich bewußt distanzierte von dem, was er einstens verkündet hatte. Er mußte sich eingestehen, daß er den Niederländern mehr zugebilligt hatte, als er 1789 für seine eigenen Landsleute für rechtens hielt. In seiner politischen Praxis ist nicht mehr davon die Rede, daß das Volk noch das Recht habe, die Regierung zu reformieren oder völlig zu ändern. Sein ganzes Bestreben ging vielmehr dahin, Ruhe zu schaffen und alsdann in diesem Zustande zu verharren. Niemals hat man in einer einzigen seiner politischen Reden den Grundsatz vernommen: „La morale est la base de la politique."[52] Nunmehr entscheidet einzig der Nutzen des Augenblicks. Den Niederländern hatte er versichert, daß Privilegien naturwidrig seien. In seiner politischen Laufbahn zögert er nicht durch Mitarbeit am Zensuswahlsystem sich der Parole: „Enrichissez – vous!"[53] anzuschließen und so die Besitzlosen von den Wohltaten des neuen Staates auszuschließen. Den Niederländern hatte er zugerufen: „Die Freiheit der Presse ist der Hort aller Freiheiten." Keinerlei Bedingung wird an sie geknüpft. Artikel 8 der Erklärung der Menschenrechte hat diese Freiheit vorsorglich eingeschränkt: „So besitzt der Bürger durch die Freiheit der Gedanken und ihrer Kundgebung das Recht, sie durch Wort, Schrift und Drucklegung zu verbreiten unter dem ausdrücklichen Vorbehalt, die Rechte anderer nicht anzutasten." Da aber nicht erklärt wird, worin das Recht der anderen besteht, so sind hier einer willkürlichen Auslegung alle Tore geöffnet, und die Freiheit der Presse kann von dieser Einschränkung aus illusorisch werden. Sechzehn Jahre hatte Mirabeau durch sein Leben und seine Schriften mit dazu beigetragen, die Grundlagen des Königtums zu untergraben und so unbewußt und ungewollt die Republik vorzubereiten. Das Beispiel Amerikas hatte ihn dann in seinen republikanischen Ansichten bestärkt. Demokrat war er wie fast alle seine Zeitgenossen niemals; diesem großen Haufen Unwissender stand er ablehnend gegenüber. Wenn es darauf ankam, so verstand er, sie nieder zu halten, indem er ihre verworrenen Ansichten zu seinen eigenen machte und sie mit Phrasen wie „Vorsehung" und „unser lieber König" köderte. Es war ihm recht, die Massen zu benutzen; aber er dachte nicht daran, sie aus ihren dumpfen Verhältnissen ans Licht zu ziehen. Er mißachtete und unterschätzte das niedere Volk; aber es waren Menschen, die erwarteten, endlich als Menschen behandelt zu werden. Durch die Erstürmung der Bastille und deren Folgen sollten sie sich durch die Kraft der Einigkeit neu belebt fühlen. Seitdem beginnt sich, eine demokratische Partei anzukündigen; die aufgeklärten Franzosen müssen es zumindest in Zweifel ziehen, ob die Ungebildeten zur Ausübung politischer Rechte unfähig seien. Aber Mirabeau wird sich des Widerspruchs, in den er geraten ist, nicht bewußt, oder will ihn sich nicht eingestehen. In dem Augenblick, wo die Souverainität tatsächlich aus den Händen des Königs in die der Nation

---

[52] Die Moral ist die Grundlage der Politik.
[53] Bereichert euch!

übergegangen war, wo ein Mann wie Mirabeau erkennen mußte, daß der Sieg à la longue auf Seiten einer demokratischen Republik sein würde, legt er großen Wert darauf, die Monarchie zu retten trotz seines Mißtrauens gegenüber der Charakterschwäche Ludwigs XVI.

XIII. Mirabeau und der französische Hof

Als Mirabeau am 1. Mai 1778 aus dem Donjon de Vincennes um Ludwigs XVI. Gerechtigkeit fleht, seinen Schutz gegen seinen Vater und die bestechlichen Beamten des Königs anruft, konnte er allerdings nicht ahnen, daß er demselben Ludwig XVI. elf Jahre später in selbstbewußtem Tone Ratschläge zur Rettung der Krone erteilen würde. Bereits eine Woche nachdem Ludwig XVI. die Truppen aus der Umgebung von Paris zurückgezogen hatte, also Ende Juli 1789, sagt Mirabeau zum Grafen de La Marck: „Faites donc qu'au château on me sache plus disposé pour eux que contre eux."[54] Obwohl Ludwig XVI. die Rolle eines Führers der Revolution durch sein Paktieren mit dem Adel, dadurch daß er Beschlüsse der Nationalversammlung zunächst widerrief, um sie dann doch gutzuheißen, schon verspielt hatte, glaubt Mirabeau dennoch, daß es möglich sei, dem König innerhalb eines konstitutionellen Königtums einige Machtpositionen zu sichern. Vielleicht ließ sich Mirabeau von der mehrfach bestätigten Tatsache leiten, daß zu Beginn der Revolution es wirklich genügte, den Namen des Königs und der Nationalversammlung zu nennen, um das erregte Volk wieder zu beruhigen. Auch die anderen Abgeordneten waren sich darüber einig, daß Frankreich Monarchie bleiben solle mit Ludwig XVI. an der Spitze. Indessen lag ihnen nur an einem König, der den Staat repräsentierte, ihn aber nicht regierte. So mußte Mirabeau mit den Abgeordneten in Konflikt geraten, wie dies zunächst geschah, als Mirabeau am 1.9.1789 für das unbedingte Einspruchsrecht des Königs plaidierte. Da es aber bei der Trägheit des Königs nicht genügte, nur von der Tribüne der Nationalversammlung her, sich für dessen Rechte einzusetzen, so scheute sich Mirabeau nicht, eine geheime Verbindung durch den Grafen de La Marck mit dem Könige anzuknüpfen. Ludwig XVI. erklärte sich damit einverstanden, für die zu erwartenden Dienste zunächst die Schulden Mirabeaus zu bezahlen, ferner setzte er ihm ein sehr reichliches Monatsgehalt aus und schließlich stellte er eine Extra-Gratifikation von einer Million Livres in Aussicht für den Fall, daß seine Tätigkeit für den König von Erfolg gekrönt sein werde. Endlich ist in dem mit dem König abgeschlossenen Vertrage auch von einer Gesandtschaft die Rede, die der Bruder des Königs, der Graf de Provence, ankündigen werde, sobald der Zeitpunkt hierfür ge-

---

[54] Sorgen Sie also, dass man mich bei Hofe mehr für als gegen sie eingestellt kennt.

kommen sei. Mirabeau verpflichtete sich dafür, „den König mit seinen Kenntnissen, seinen Kräften und seiner Beredsamkeit in allem zu unterstützen, was er dem Wohl des Staates und dem Interesse des Königs für nützlich halten wird, zwei Dinge, die die guten Bürger unstreitig für untrennbar halten. Falls Herr von Mirabeau sich nicht von dem Gewicht der vorgebrachten Gründe überzeugen könnte, wird er sich einer Meinungsäußerung über den betreffenden Gegenstand enthalten." (Die Abschrift dieses Aktenstückes befindet sich in Lafayette, *Memoiren*, II, 496/7.) Von dieser Zeit an treibt Mirabeau also ein doppeltes Spiel, denn er genierte sich nicht, in denselben Monaten Präsident des Jakobinerklubs zu werden, und überglücklich war er, als es ihm vergönnt war, im Februar 1791 der Nationalversammlung zu präsidieren. Zunächst richtete er von dem Gelde, das ihm nunmehr zufloß und noch zu erwarten stand, ein Haus nach seinem Geschmack ein mit reichlicher Dienerschaft, Pferdestall, Equipage etc. Täglich hielt er offene Tafel für seine Freunde. Dabei behauptete er, er bestritte dies aus der Erbschaft nach seinem Vater, obwohl dieser nichts als Schulden hinterlassen hatte. La Marck war entsetzt über seine Handlungsweise. Aber Mirabeau hatte so lange gelitten unter Gläubigern, die ihn ständig verfolgten, daß er jetzt mit Gier den neuen Reichtum genoß. Die übernommenen Verpflichtungen versuchte er, gewissenhaft zu erfüllen. Schon bald nach dem 5. Oktober 1789 überreichte er dem Bruder des Königs, dem Grafen von Provence, eine Denkschrift, in der er sich mit der Frage der Freiheit und Sicherheit des Königs beschäftigt. Er rät dem König, falls er sich von Paris zu sehr unter Aufsicht stehend fühle, als Residenz Rouen auszuwählen; denn dieser Ort sei geeignet, weil er dadurch beweise, daß er nicht die Absicht habe zu fliehen, sondern sich nur den Provinzen nähere. Von dort aus könne er sich mit der Bretagne und Anjou verbünden und bekäme eine unwiderstehliche Macht hinter sich. Er solle ferner eine Proklamation in Bereitschaft halten, worin er unter anderem sagen würde: „Er werfe sich in die Arme des Volkes; man habe ihm in Versailles Gewalt angetan; ... er entbehre der jedem Bürger zustehenden Freiheit des Hin- und Hergehens; er habe in Erfahrung gebracht, diese unfreie Stellung diene den Unzufriedenen zum Vorwande, um den Beschlüssen der Nationalversammlung und seiner Genehmigung derselben den Gehorsam zu verweigern, und dadurch könne eine Revolution gefährdet werden, an welcher er denselben Anteil wie die eifrigsten Freunde der Freiheit nehme."

Des weiteren knüpfte Mirabeau geheime Verhandlungen mit Lafayette an, um seinen Eintritt ins Ministerium vorzubereiten. Nach dem Herkommen hätte Mirabeau aber seine immer bedeutender werdende Stellung in der Nationalversammlung aufgeben müssen, wenn er Wert darauf legte, Minister zu werden. Dazu jedoch konnte er sich nicht entschließen. Gegen Mirabeaus Anträge in der Nationalversammlung, die den Zweck hatten, mit diesem Herkommen zu brechen, zugleich aber seine Popularität zu sichern und ihm die Möglichkeit zu geben, als Minister und Mitglied der Nationalversammlung für die Rechte des Königs zu wirken, vereinigten sich die Mitglieder der Rechten und der Linken mit den persönlichen Anhängern Neckers, auf dessen Ministerium er rechnete. In letzter Stunde fiel auch Lafayette ab. Der Arzt Blin aus Nantes wurde mit dem Antrag vorgeschickt: Kein Mitglied der Versammlung darf während der ganzen Dauer der Session ins Ministerium übergehen. Nun ergriff Mirabeau das Wort zu einer derart schneidenden Rede, die die Versammlung zu dem Beschluß reizte: „Kein Mitglied der Nationalversammlung darf einen Ministerposten während der Session der **gegenwärtig** tagenden Versammlung erhalten. Damit hat Mirabeau und mit ihm die Idee des parlamentarischen Königtums eine entscheidende Niederlage erlitten.

Mirabeau war also auch weiterhin auf die geheime Verbindung mit dem Hofe angewiesen, wenn er Wert darauf legte, den König zu aktivem Eingreifen in die Revolution zu ermuntern. Am 10. Mai 1790 formuliert er als Ziel seiner Bemühungen: „Die vollziehende Gewalt, deren Fülle unverkürzt und ungeteilt in der Hand des Königs ruhen muß, in der Verfassung an ihren Platz zu stellen." In seiner Note vom 1. Juni 1790 betont er abermals seinen monarchistischen Standpunkt: „Ich werde sein, was immer ich war, der Verfechter der durch Gesetze geregelten monarchischen Gewalt gesicherten Freiheit." Ferner schlägt er vor, Lafayette, den General der Nationalgarden, der zum König und zum Volk sich doppelzüngig verhalte, durch Herrn von Bouillé zu ersetzen. Am gleichen Tage versucht er auf Wunsch Ludwigs XVI. sich seinem Nebenbuhler in der Macht, Lafayette, zu nähern. In diesem Schreiben läßt er es an Selbstbewußtsein nicht fehlen. Im Gegenteil! Er erklärt Lafayette, er sei zwar einäugig, aber einäugig im Reiche der Blinden und notwendiger als alle Ausschüsse zusammengenommen. Er hätte der **Diktator** des Diktators (Lafayettes) sein sollen. Indessen halte er sich an kleinliche Menschen mit kleinlichen Umtrieben. So begehe er Verrat an seiner Bestimmung. Zum Schluß fordert er ihn auf, er solle sich bald und pünktlich bei ihm einstellen, um mit ihm gemeinsam zu handeln. Es nimmt nicht weiter wunder, daß Lafayette sich durch diesen Brief nicht zu vertrauensvoller Zusammenarbeit bestimmen ließ. Als die Vertreter der königlichen Anwälte bei den Gerichten und die Vertreter der Regierung bei den Justizbehörden gewählt werden sollten, rät er am 24.8.1790, der Liste des Großsiegelbewahrers zu mißtrauen, da die Minister wahrscheinlich nur Männer der alten Ordnung, nur geschmeidige Intriganten vorschlagen würden, während es darauf ankomme, Männer, die das Vertrauen der öffentlichen Meinung besäßen, zu wählen. Für die Provence bringt er sich selbst in Vorschlag. In der 26. Note weist er den König nochmals darauf hin, wie wichtig es wäre, wenn die Minister aus der Nationalversammlung hervorgingen. So hat das Volk zwei Gegenstände der Verehrung: den König und die Nationalversammlung. Dazwischen lavieren die Minister. Der König ist bei der bestehenden Ordnung unablässigen Angriffen durch die Nationalversammlung ausgesetzt. Wenn hingegen die Minister in der Nationalversammlung sitzen, so erhalten alle ihre Verwaltungsmaßregeln den Anschein von Schritten der vollziehenden Gewalt." In der öffentlichen Macht läge Einheit der Handlung, die Nationalversammlung gewänne an wahrer Stärke, und der König bliebe im Besitz seiner Prärogative." Er bittet daher den König, das Dekret vom 7.11.1789 offen anzugreifen, um die monarchische Idee zu retten.

Dazu jedoch konnte sich Ludwig XVI. nicht entschließen. Handeln war nicht seine Sache. So waren die Noten umsonst geschrieben, da sie sich an einen Menschen, der außer kleinbürgerlichen Tugenden und seiner Katechismusfrömmigkeit nichts mitbrachte. Als in der Nationalversammlung die Frage, wem das Recht zustehe, Krieg zu erklären und Frieden zu schließen, diskutiert wurde, rettete er seinen Pakt mit dem Hofe getreu in glänzendem Wortgefecht mit dem Jakobiner Barnave für das Königtum, was noch zu retten war: das Recht der Kriegserklärung steht der Nationalversammlung zu, aber nur auf einen Initiativantrag des Königs hin und unter Vorbehalt der königlichen Sanktion. Als Mirabeau sich dessen sicher war, daß seine Noten bestenfalls gelesen, jedoch nicht befolgt wurden, bemühte er sich um eine Audienz bei der Königin. Heftige Widerstände wegen seines schlechten Rufes waren zu überwinden, ehe sich Marie Antoinette dazu herbeiließ, Mirabeau zu empfangen. Zunächst war sie entsetzt von seiner äußeren Erscheinung, aber dann nahmen sie seine wohlgesetzten Worte gefangen, und sie versprach, auf den König einzuwirken, damit er durch Aktivität seine Krone rette. Doch Ludwig XVI. hatte keinerlei politische Talente. Er begriff nicht, daß er durch sein Benehmen die republikanische Entwicklung der Revolution förderte. Er war tugendhaft und wünschte ehrlich das Glück seiner Untertanen. Obwohl phlegmatisch, gefiel er sich gelegentlich in

Rührscenen. Er fühlte sich wohl als Jäger, Schlosser, Schläfer und Esser. Gerade weil er etwas bäurisch und tölpelhaft war, gefiel er dem „guten Volk". Aber sein Verstand war seiner Aufgabe nicht gewachsen. Er begriff nicht, daß er nach der neuen Verfassung ein ebenso mächtiger und ruhmreicher König sein konnte wie bei der Auffassung vom Gottesgnadentum. Als Turgot ihm die allgemeine Reform des Königreiches vorschlug, damit er durch die Gesetze herrschen könne „wie Gott", verstand er ihn nicht. Als Mirabeau ihm riet, sich auf das Volk und die Nation zu stützen, um sich der Bevormundung durch das Bürgertum zu entziehen, verstand er ihn nicht. Er sah darin nur beunruhigende Neuerungen und glaubte, man wolle ihn in seinen Rechten schmälern. Bei beschränktem Verstand und schwachem Willen zeigte er nur Willensregungen und Widerstreben. Ohne Plan, ohne irgendeinen Vorsatz gab er abwechselnd den Einflüssen seiner Umgebung nach, der Königin, dem Grafen von Artois, Necker und dem Volk von Paris. Kein Einfluß war bei ihm von Dauer. Er lebte in den Tag hinein, sagte ja und nein, je nach dem Ratgeber des Augenblicks, der am zudringlichsten und lästigsten war. Derart geplagt, brauchte er Listen und Lügen und wand sich heraus, um Ruhe zu haben und auf die Jagd zu gehen.

Nur ein Gefühl war bei ihm dauerhaft und unveränderlich: das religiöse Gefühl. Vielleicht hatte er sich in die Umwandlung seiner Königsmacht durch die Revolution gefügt, wäre diese Revolution nicht zu einer bestimmten Zeit in Gegensatz zu dem getreten, was er seiner Christenpflicht zu schulden glaubte. An dem Tage, an dem der Papst und die Bischöfe ihm sagten, er gefährde seine Seligkeit, wenn er die bürgerliche Verfassung der Geistlichkeit genehmige, war er verwirrt und hatte Angst vor der Hölle. Es gelang Mirabeau nicht, in den Debatten über dieses Problem in der Nationalversammlung eine Kompromißlösung durchzusetzen. Da übte er einen Druck auf ihn aus, indem er ihn auf die wahrscheinlichen Folgen des königlichen Einspruches aufmerksam machte. Mit bangem Herzen genehmigte Ludwig XVI. die bürgerliche Verfassung der Geistlichkeit. Aber seine Gewissensbisse führten zum völligen Zerwürfnis mit der Revolution. Fortan hielt er es für seine Christenpflicht, die Revolution zu bekämpfen. Da er den offenen Kampf scheute, wandte er Listen an, um wieder der allerchristlichste König zu werden und sich mit dem Papste auszusöhnen. Seit dem Oktober 1790 stand sein Plan fest, heimlich nach Montmédy zu entweichen. Mirabeau hatte ihm auch für diesen Fall einen genauen Fluchtplan ausgearbeitet, der allerdings später nicht befolgt wurde. Jedenfalls war sich Mirabeau darüber klar, daß er mit diesem Könige nicht zu seinem Ziel kommen werde. Daher die Worte auf seinem Sterbelager: „Ich nehme das Leichengewand der Monarchie mit mir, um ihre Trümmer werden sich nun die Parteien streiten."

XIV. Mirabeau und seine Mitarbeiter

Lange Zeit erblickten die Franzosen in Mirabeau ihren Herkules. Es war schier unglaublich, daß die lange Liste seiner erschienenen Abhandlungen, Flugschriften und Reden nur auf einen einzigen Verfasser zurückgehen sollte. Das Geheimnis dieser vielseitigen Tätigkeit lüftete zuerst Dumont in seinen Memoiren über Mirabeau, worin er die mannigfaltigen Hilfsquellen aufdeckt, die Mirabeau zu benutzen verstand. Dadurch wurde das Wunder natürlich, ohne daß Mirabeau dabei etwas an Größe eingebüßt hätte. Das Genie Mirabeaus äußerte sich eben gerade darin, daß er an jedem Ort sofort die vorzüglichsten Geister an sich zog und sich dienstbar zu machen wußte. Hatte er in jüngeren Jahren der Einfachheit halber in seinen Schriften sehr viel aus Schriftstellern mit oder ohne Quellennennung zitiert, so verstand er es in reiferen Jahren, Köpfe von Rang für seine Ideen derart einzufangen, daß sie für ihn gern das Sammeln von Quellen für neue Arbeiten übernahmen. So stammt der Grundriß der Schrift „*Über die politische Reform der Juden*" von Christian Wilhelm von Dohm. Das Material zur „*Monarchie Prussienne*" hatte Mauvillon mit emsigem Fleiß zusammengetragen. Dennoch hat Mauvillon stets betont, daß die „*Monarchie Prussienne*" völlig Mirabeaus Geist atme. Auch der philosophische Schriftsteller Dumont, der Mirabeau während der Revolution hauptsächlich in Fragen des Rechts und der Verfassung mit klugem Rat zur Seite stand, denkt in seinen Memoiren über Mirabeau nicht daran, seinen Helden zu verkleinern. Aber Mirabeau war klug genug, um sich nicht alles zuzutrauen, und so scharte er gerade während seiner großen politischen Tätigkeit in der Nationalversammlung Spezialisten um sich, die sorgsam das notwendige Material für die nächsten Sitzungen vorbereiteten. Duroveray bearbeitete die Fragen aus dem Finanzwesen, Reybaz war zuständig für die Details der Ökonomie und des Kriegswesens. Pellenc besaß analytisches und dialektisches Talent und hat den Entwurf mancher Rede geliefert. So stellt sich uns Mirabeau gerade während der Zeit seiner politischen Aktivität als kollektives Wesen dar. Doch darf uns diese Kenntnis nicht zu einer Unterbewertung der Fähigkeiten Mirabeaus verleiten. Denn wie wenig hat ein Mensch nur aus sich selbst. Wieviel empfangen wir von unseren Mitmenschen und denen, die vor uns gewirkt haben. Die eigene Leistung erkennt man immer an der Art, wie das gebotene Material aufgenommen, verwertet und umgestaltet wird. Trotz so zahlreicher Quellen, die Mirabeau benützte, trug doch alles, was er veröffentlichte, den Stempel seines Genies.

XV. Mirabeaus Stil

Dieser glänzende Redakteur fremder Vorlagen mußte einen ziemlich mühevollen Anlauf nehmen, wenn er ohne Anregung oder Vorarbeit schreiben sollte. Sein Stil ist niemals klassisch, d.h. abgemessen, ruhig, ausgewogen, gefeilt. Sein Stil ist im eigentlichen Sinne unfranzösisch; denn er schreibt mit seinem Herzen, darin ist er ganz ein Schüler Rousseaus; er trägt das Moment der Leidenschaft hinein. Aus Mirabeaus Briefen an Sophie können wir seinen Charakter mit seinen wechselnden und sich widersprechenden Nuancen ablesen, die er in sich vereinigte; Ungestüm und Trachten nach Listen, brutale Sinnlichkeit und Bedürfnis nach wahrer Zärtlichkeit, banale Gutherzigkeit und Groll ohne Maß, Abscheu vor dem Despotismus und Aristokrateneitelkeit. Wegen seiner Leidenschaftlichkeit ist er der geborene Pamphletist; denn er könnte nicht schreiben, ohne daß er sich an jemanden wendet. Er wettert also entweder im Tone einer gesteigerten Entrüstung, oder er klagt in der rührseligen Art eines Kleinbürgers. Wegen dieses allzu persönlichen Tones seiner schriftlichen Äußerungen war es für ihn so schwer, wirklich zum Schriftsteller aufzurücken. Die kühle Objektivität des Wissenschaftlers kannte er nicht. So ist eben seine *„Monarchie Prussienne"* trotz volkswirtschaftlicher Tabellen eine Propagandaschrift für die französische Revolution. Er ist trotz einer ans Wunderhafte grenzenden Belesenheit kein Intellektueller, sondern ein Beschwörer. Darum hat er auch seine stärkste Wirkung als Redner erreicht, wo es ja darauf ankam, den seelischen Zustand seiner Hörer in die Gedanken, die entwickelt werden sollten, einzubeziehen. Wenn eben so manche Abhandlung, insbesondere jedoch seine Briefe an Sophie und die Verwandten noch heute, nach 150 Jahren das Interesse an Mirabeaus Persönlichkeit wachrufen, obwohl von stilistischer Komposition nicht die Rede sein kann, so eben, weil wir in diesen ungestümen Zeilen den feurigen Atem des Genies verspüren. Henriette Herz schreibt in ihren Erinnerungen: „Aber man vergaß alles, wenn er sprach. Denn er sprach hinreißend, wie ich nie jemanden sprechen gehört habe, und namentlich ist mir eine solche Eleganz der Sprache in der Leidenschaftlichkeit – und in diese geriet er leicht – nie wieder vorgekommen." Seine stärksten Erfolge erzielte er in Reden, die nicht vorbereitet, sondern aus der Situation der Stunde erwachsen waren. Heinrich von Kleist weist dies recht überzeugend in seinem Aufsatz *„Über die allmähliche Verfertigung der Gedanken beim Reden"* nach. Er erinnert an jenen „Donnerkeil" des Mirabeau, mit welchem er am 23.6.1789 den Zeremonienmeister des Königs abgefertigt hat. Kleist behauptet, Mirabeau hätte den Anfang auf gut Glück hingesetzt: „Ja", antwortete Mirabeau, „wir haben des Königs Befehle vernommen" – ich bin gewiß, daß er bei diesem humanen Anfang noch nicht an die Bajonette dachte, mit welchen er schloß – „Ja, mein Herr", wiederholte er, „wir haben es vernommen" – man sieht, daß er noch gar nicht recht weiß, was er will. – „Doch, was berechtigt Sie", fuhr er fort – und nun plötzlich geht ihm ein Quell ungeheurer Vorstellungen auf – „uns hier Befehle anzudeuten? Wir sind die Repräsentanten der Nation." – Das war es, was er brauchte! „Die Nation gibt Befehle und empfängt keine" – um sich gleich auf den Gipfel der Vermessenheit zu schwingen. – „Und damit ich mich Ihnen ganz deutlich erkläre" – und erst jetzt findet er, was den ganzen Widerstand, zu welchem seine Seele gerüstet dasteht, ausdrückt -: „so sagen Sie Ihrem Könige, daß wir unsere Plätze anders nicht als auf die Gewalt der Bajonette verlassen werden." Worauf er sich selbstzufrieden niedersetzt. – Wenn man an den Zeremonienmeister denkt, so kann man sich ihn bei diesem Auftritt nicht anders als in einem völligen Geistesbankerott vorstellen. ... Man liest, daß Mirabeau, sobald der Zeremonienmeister sich entfernt hatte, aufstand, und vorschlug: 1. sich sogleich als Nationalversammlung, und 2. als unverletzlich zu konstituieren. Denn dadurch, daß er sich, einer Kleistischen Flasche gleich, entladen hatte, war er nun wieder neutral geworden, und gab, von der Verwegenheit zurückgekehrt, plötzlich der Furcht vor dem Châtelet und der Vorsicht Raum."

XVI. Zur Psychologie des Revolutionärs

Aus Mirabeaus Stellung zum französischen Hof haben wir gesehen, daß er nicht immer so mutig war wie an jenem 23.6.1789, der ihn unsterblich macht. Der Schwebezustand, in den man durch die Revolution geriet, war ihm unheimlich, und er trachtete danach, ihn möglichst bald zu beenden. So stimmte er auch der Erklärung der Menschenrechte, an der er mitgearbeitet hatte und von der er wußte, daß sie bereits ein Flickwerk war, dennoch zu. Zu seiner Entschuldigung sagte Mirabeau: „Wir sind eine alte Nation, zweifellos zu alt für unser Zeitalter. Von früher her lasten auf uns die Regierung, der König und die Vorurteile. Dies alles muß man, soweit wie möglich, mit der Revolution vereinigen, und die Plötzlichkeit des Überganges mildern." So blieb er Monarchist mit reformerischem Einschlag und hatte folglich den linken Flügel mit Robespierre gegen sich, zu dem er bald in Opposition geriet. Anfangs zwar erregte Robespierre mit seinen extremen Forderungen nur Gelächter in der Nationalversammlung, und es gelang Mirabeau, Robespierres Ausfälle mit ironischen Bemerkungen, wie: „Der Redner scheint zu glauben, er dürfe nicht aufhören zu reden, weil die Gesetzgeber für alle Zeiten zu sprechen haben", abzutun. In einer späteren prinzipiellen Auseinandersetzung rief Mirabeau ihm zu: „Verwechseln Sie nicht die Übertreibung des Prinzips mit seinem Gipfelpunkt." Das Wort aber, das er der Jakobinerminorität von dreißig Mann entgegendonnerte: „Ruhe dort bei den dreißig!" war in Frankreich lange Zeit zum geflügelten Wort geworden. Zu Beginn des Jahres stand er äußerlich auf der Höhe seiner Erfolge. Doch innerlich war er ein gebrochener Mann. Er trat unentwegt für eine Politik des juste milieu[55] ein in Monaten, wo alles in Gärung war. Der König, dem er seine Dienste angeboten hatte, enttäuschte ihn. Lafayette blieb bis zu seinem Tode sein Rivale. Ein Ministerium erkämpfte er nicht. Er witterte zwar Gefahr in dem neuen Bürgertum, verachtete jedoch die Namenlosen, die ihn durch die Straße auf Händen trugen. In jeder Debatte ergreift er das Wort; aber die Führung reißt er nicht an sich. Wie jeder Politiker der Mitte ist er Angriffen von rechts und von links ausgesetzt.

In den letzten Monaten werden die Angriffe der Jakobiner gegen ihn immer heftiger. Aber er rief ihnen entgegen: „Ich werde bis zum Scherben-

---

[55] Beibehalten des Mittelmaßes

gericht bei euch bleiben." Doch er konnte sich nicht dazu entschließen, den Bruch mit der Monarchie, den er innerlich längst vollzogen hatte, auch äußerlich zu vollziehen und die Sache des Volkes wirklich zu seiner eigenen zu machen. Er spürte, daß man nur mit friedlichen Reformen den Staat nicht umgestalten werde. Seine revolutionäre Stellungnahme gegen das ancien régime, die Leidenschaftlichkeit, mit der er seine Einrichtungen verneint und bekämpft, erklären sich psychologisch aus der Gegnerschaft gegen seinen Vater, der Erziehung mit Unterdrückung gleichsetzte. Dieser Vater, der selbst einen revolutionären Anlauf genommen hatte und dessen Briefe an seinen Bruder beweisen, wie genau er den Charakter seines Sohnes kannte, war dennoch nicht fähig und auch nicht willens, Mirabeaus Talente entwickeln und ausreifen zu lassen, ihm bei der Beschaffung eines Postens behilflich zu sein. Er hat ihn selbst auf krumme Wege gelenkt durch seinen Geiz und seine Tyrannei. Daß er durch die Wut dieses Vaters nicht völlig zum Volk hingetrieben wird, ist eigentlich wirklich sonderbar. Im Gegenteil, Mirabeau liebte seinen Vater, durch den er soviel hatte leiden müssen. Er bewahrte seinen Adelsstolz bis an sein Ende.

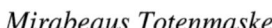

Mirabeaus Totenmaske

Er klammerte sich an die monarchische Idee, als die republikanische Partei sich bereits zu zeigen begann, und es sicher war, daß die Revolution im Begriff war, sich zu radikalisieren. Trotzdem hängt er sich an die lebensunfähige Idee, ein Volkskönigtum mit Ludwig XVI. an der Spitze zu schaffen. In diesem Mann führten die Prinzipien ihren erbitterten Kampf. Leider hatte er Furcht vor der Revolution. Er spürte, daß sie ihn mit fortreißen würde. Doch er konnte sich nicht entschließen, sich an ihre Spitze zu stellen. Aus dieser unmöglichen Lage erlöste ihn der Tod.

Ende.

Verzeichnis der zu dieser Arbeit benutzten Literatur
1.) Mirabeaus Schriften
1. Oeuvres de Mirabeau, 8 Bände, Paris 1820
2. Brief an den jetzt regierenden König von Preußen mit Anmerkungen eines märkischen Patrioten, Prenzlau 1786
3. Briefwechsel zwischen dem Grafen von Mirabeau und dem Fürsten A. von Arenberg, Grafen von der Marck, während der Jahre 1789, 1790, 1791. Nach der französischen Ausgabe des Herrn Ad. von Bacourt deutsch bearbeitet von J.Ph. Städtler, Brüssel und Leipzig 1851/2
4. De la Banque d'Espagne, 1785
5. De la Caisse d'escompte, Paris 1785
6. De la Monarchie Prussienne sous Frédéric le Grand, 8 Bände, Londres 1788
7. Dénonciations de l'agiotage, 1787
8. Lettres à Yet-Lie, ed. Dauphin Meunier, in La revue Bleue, Paris 1909
9. Sur M. Mendelssohn et la réforme politique des Juifs, Londres 1787
10. Discours et opinions de Mirabeau, 3 Bände, Paris 1820
11. Ausgewählte Reden Mirabeaus. Für den Schulgebrauch erläutert von H. Fritsche, Berlin 1877/8
12. Lettres originales de Mirabeau, écrites du Donjon de Vincennes, pendant les années 1777, 1778/9, 1780, recueillis par L. Manuel, 4 Bände, Paris 1792
13. Mirabeaus Briefe an Sophie aus dem Kerker von Vincennes. Deutsch mit einer Einleitung von Otto Flake, München und Leipzig 1910
14. Mirabeau. Lettres à Julie, écrites du Donjon de Vincennes, publiées et commentées par Dauphin Meunier, Paris 1903
15. Lettres de Mirabeau à Chamfort, Paris An V de la république française

16. Herrn Mirabeau des älteren Discours über die Nationalerziehung 1791. Nach seinem Tode gedruckt, übersetzt, auch mit einigen Noten und einem Vorbericht begleitet von Friedrich Eberhard von Rochow auf Reckau, Berlin und Stettin 1792
17. Mirabeau über das königliche Veto, Rede gehalten in der französischen konstituierenden National-Versammlung am 1.9.1789
18. Mirabeau: Über den Staatsbankrott. Ausgewählt, übertragen und herausgegeben von Elisabeth Borchardt. Mit einem Geleitwort versehen von Hanns Floerke

2.) De eo
1. Louis Barthou: Mirabeau, Paris 1913
2. Dr. phil. Hanns Reißner: Mirabeau und seine Monarchie Prussienne
3. Erdmannsdörfer: Mirabeau, Bielefeld und Leipzig 1900
4. Alfred Stern: Das Leben Mirabeaus, 2 Bände, Berlin 1889
5. Sainte-Beuve: Causeries du Lundi, tome quatrième, Paris
6. Erich Wild: Mirabeaus geheime diplomatische Sendung nach Berlin, Heidelberg 1901
7. Etienne Dumont: Souvenirs sur Mirabeau, Paris 1832
8. F.A. Aulard: L'éloquence parlamentaire pendant la revolution française, erster Band: Les orateurs de l'assemblée constituante

3.) Allgemeine Literatur zu diesem Thema
1. F.A. Aulard: Politische Geschichte der Französischen Revolution. Entwicklung und Entstehung der Demokratie und der Republik 1789 – 1804, berechtigte Verdeutschung von Friedrich von Oppeln-Bronikowski, eingeleitet von Dr. Hedwig Hintze, Band 1 und Band 2, München und Leipzig 1924
2. Hermann Hettner: Geschichte der französischen Literatur im 18. Jahrhundert
3. F. Fénélon: Éducation des filles, Paris, Flammarion
4. Ch. Montesquieu: De l'esprit des Lois, Paris, Carnier, 2 Bände

5. J. Rousseau: Émile, Masson, Paris 1836
6. J. Rousseau: Der Staatsvertrag oder die Grundsätze des Staatsrechtes, Ausgabe von Reclam
7. G.F.W. Hegel: Phänomenologie des Geistes, Glockner, 2. Band
8. Friedrich Meinecke: Weltbürgertum und Nationalstaat, München und Leipzig, Berlin 1928
9. Friedrich Meinecke: Die Idee der Staatsraison, München und Leipzig 1929
10. Fling: Mirabeau and the French Revolution
11. Wilhelm Humboldt: Der Staat, Inselverlag, Leipzig
12. Eduard Wechssler: Esprit und Geist. Versuch einer Wesenskunde des Deutschen und des Franzosen, Bielefeld und Leipzig 1927
13. Hans Kelsen: Allgemeine Staatslehre, Berlin 1925
14. Dr. Wolfgang Petzet: Die Paradoxie des Revolutionärs, in: Soziologische Studien zur Politik, Wirtschaft und Kultur der Gegenwart, Alfred Weber gewidmet, Potsdam 1930

Personenverzeichnis

A.

Adams, John, 1735 – 1826, nordamerikanischer Staatsmann und Politiker aus Massachuasetts, 1797 – 1801 als Nachfolger Washingtons 2. Präsident der U.S.A.

Alembert, Jean le Rond d'A., 1717 – 1783, französischer Philosoph und Mathematiker, 1751 – 1772 mit Diderot Herausgeber der Encyclopädie

Antonius, Marcus Antonius, 143 – 87 v. Chr., ausgezeichneter Redner, 99 v. Chr. Konsul, 87 als Anhänger der Senatspartei auf Befehl des Marius ermordet

Aristoteles, 384 – 322 v. Chr., der einflußreichste Philosoph Griechenlands, Schüler Platons, verfaßte u.a. die *„Ethik"*, *„Politik"*, *„Rhetorik"* und *„Poetik"*, Hauptwirkungsort Athen

Graf von Artois, Karl Philipp, Enkel Ludwigs XV., Bruder Ludwigs XVI. und Ludwigs XVIII., 1757 – 1836, regierte in Frankreich von 1824 – 1830 als Karl X.

B.

Bailly, Jean Sylvain, französischer Politiker und Astronom, 1736 – 1793, Deputierter des 3. Standes und Präsident der Nationalversammlung, leitete am 20. Juni 1789 die erfolgreiche Sitzung im Ballhause, 1793 als „Königsfreund und gewalttätiger Unterdrücker der Volksfreiheit" durch die Guillotine hingerichtet.

Bayle, Pierre, 1647 – 1706, französischer Aufklärungsphilosoph

Beaumont, Christophe de, Erzbischof von Paris, 1703 – 1781, veröffentlichte eine Schrift gegen den *„Émile"* von Rousseau, worauf Rousseau durch einen berühmt gewordenen Brief antwortete.

Bolingbroke, Henry Saint John Viscount, 1678 – 1714, englischer Staatsmann und Schriftsteller, 1710 – 1714 Außenminister

Brissot, Jacques Pierre, 1754 – 1793, Mitglied des Convents, Führer der Girondisten, 1793 enthauptet

C.

Calas, Jean, 1698 – 1762, Kaufmann aus Toulouse, war fälschlich des Mordes an seinem Sohne angeklagt, weil er ihn hätte hindern wollen, vom Protestantismus abzufallen. Er wurde 1762 gerädert und 1765 rehabilitiert nach dem berühmt gewordenen Plaidoyer von Voltaire.

Calonne, Charles Alexandre de, 1734 – 1802, französischer Politiker, geboren zu Douai. Als Generalkontrolleur der Finanzen im Jahre 1785 bewies er wenig Voraussicht, zeigte sich verschwenderisch und war genötigt, im Jahre 1787 die Versammlung der Notabeln einzuberufen. Er fiel in Ungnade und floh nach England. Während der Emigration spielte er eine verhängnisvolle Rolle hauptsächlich beim Grafen von Artois.

Chamfort, Nicolas-Sébastien Roch, von, 1741 – 1794, französischer Moralist, schrieb einen sehr geistreichen und blendend zugespitzten Stil, geboren bei Clermont-Ferrand. Während der Terrorherrschaft wurde er verfolgt und nahm sich im Jahre 1794 das Leben.

Chauvelin, Bernard Louis de, 1716 – 1773, Marquis, Abbé, Freund Voltaires, Diplomat, geboren in Paris, lebte am Hofe Ludwig XV.

Chesterfield, Philipp, 1694 – 1773, Staatsmann, englischer Schriftsteller und Freund Montesquieus. Er wurde bekannt durch seine *Lettres à mon fils*, welche elegant, aber zweideutig geschrieben sind.

Condorcet, Antoine-Nicolas de, 1743 – 1794, berühmter Philosoph und französischer Mathematiker, Mitglied des Convents, ständiger Sekretär der Akademie der Wissenschaften, geboren zu Ribemont; er vergiftete sich während der Terrorherrschaft, um dem Schafott zu entgehen. Im Gefängnis verfaßte er eine *Esquisse d'un tableau historique des progrès de l'esprit humain* sowie *Les Eloges des académiciens morts de 1666 – 1790*, welche seinen Ruhmestitel bilden. Condorcet war abwechselnd Gelehrter, Schriftsteller und Politiker. Als Revolutionär hatte er die feste wissenschaftliche Überzeugung, daß die Humanität eines unendlichen Fortschritts fähig sei.

Cromwell, Oliver, 1599 – 1658, englischer Staatsmann und Feldherr, Leiter der Parlamentsopposition gegen Karl I. und Führer des Parlamentsheeres, seit 1653 Protektor der Republik

D.

Descartes, René (Cartesius), 1596 – 1650, Philosoph, Physiker und Mathematiker, geboren in La Haye, gestorben in Stockholm. Er ist der Begründer der modernen Psychologie und verfaßte u.a. den *Discours de la méthode* und die *Méditations métaphysiques*. Seit 1628 lebte er in den Niederlanden, seit 1649 in Schweden am Hof der Königin Christine von Schweden.

Diderot, Denis, 1713 – 1784, französischer Philosoph und Dichter, mit d'Alembert und anderen ist er der Begründer und Herausgeber der Encyclopädie.

Dumont, Pierre Etienne Louis, 1759 – 1829, Genfer Publizist, philosophischer Schriftsteller und angesehener Rechtsgelehrter, war mit Mirabeau befreundet, hatte an seinen Arbeiten einen bedeutenden Anteil und gab die *Mémoires sur Mirabeau* heraus.

E.

Epinay, Louise Forence de, 1726 – 1783, französische Schriftstellerin, war befreundet mit Rousseau, Grimm, Duclos, Diderot, Holbach, Galiani, in Montmorency ließ sie für Rousseau die berühmte Eremitage, ein Gartenhaus, einrichten, das er von Ostern 1756 bis 15. Dezember 1757 bewohnte. Sie schrieb: „*Mes moments heureux*", „*Lettres à mon fils*", „*Conversations d'Emilie*".

F.

Fénélon, François de Salignac, de la Mothe, 1651 – 1715, französischer Theologe, Pädagoge und Erzieher der Enkel Ludwigs XIV., Erzbischof von Cambrai 1695

Fleury, André Hercule de, 1653 – 1743, französischer Kardinal, seit 1726 Leiter der französischen Politik

Franklin, Benjamin, 1706 – 1790, nordamerikanischer Staatsmann, ursprünglich Buchdrucker und Zeitungsverleger, erfand 1752 den Blitzableiter, 1753 Generalpostmeister der englischen Kolonien, vertrat 1757/62 und 1764/75 diese in England, 1776 – 1785 Gesandter der Union in Frankreich, schloß mit diesem 1778 das Bündnis ab und nahm an den Friedensverhandlungen mit England teil.

Friedrich Wilhelm I., 1688 – 1740, König von Preußen seit 1713, Sohn und Nachfolger Friedrichs I. (III.) und der Sophie Charlotte von Hannover (gestorben 1705), 1706 vermählt mit Sophie Dorothea (gestorben 1757), Tochter Georgs I. von Hannover-England.

Friedrich II., der Große, 1712 – 1786, König von Preußen seit 1740, Sohn und Nachfolger Friedrich Wilhelms I. und der Sophie Dorothea von Hannover-England, 1730 Fluchtversuch, 1732 Regimentskommandeur in Neuruppin, 1736 – 1740 in Rheinsberg, 1733 Vermählung mit Elisabeth Christine, Tochter des Herzogs Ferdinand Albrechts II. von Braunschweig-Wolfenbüttel-Bevern, blieb kinderlos, 1739 „*Antimachiavell*", 1740/45 „*Geschichte meiner Zeit*", 1751 und 1779 „*Mémoires*", 1763 „*Geschichte des 7-jährigen Krieges*", alles in französischer Sprache, außerdem Flötenkompositionen.

G.

Galiani, 1728 – 1787, Abbé, Literarhistoriker, Volkswirtschaftler und Philosoph Italiens. Er bekämpfte die Theorien der Physiokraten.

Genlis, Mme Stéphanie-Félicité de, 1746 – 1830, Erzieherin der Kinder des Herzogs von Orléans, Philippe-Egalité, Verfasserin geachteter Abhandlungen über die Erziehung.

Geoffrin, Mme Marie-Thérèse, 1699 – 1777, geboren zu Paris, berühmt durch ihren Geist und ihren Salon, in dem die Philosophen verkehrten.

Grimm, Frédéric-Melchior, Baron de, 1723 – 1807, berühmter Literat und Kritiker, Freund der Mme d'Epinay. Er hinterließ eine literarische Korrespondenz, die von großem Interesse ist.

Grotius, Hugo (de Groot), 1583 – 1645, niederländischer Staatsmann und Gelehrter, Begründer des Völkerrechts, 1613 Ratspensionär, 1634 – 1645 nach der Emigration in schwedischen Diensten

H.

Hegel, Georg Wilhelm Friedrich, 1770 – 1831, deutscher Philosoph, stellte gegen Kants Kritizismus eine neue spiritualistische Metaphysik des absoluten Geistes, der sich in den Kulturgebilden, insbesondere dem Staate, als objektiver Geist darstellt; schuf die dialektische Logik und mittels ihrer Ontologisierung eine dialektische Geschichtsphilosophie, auf der sowohl nationalistische wie sozialistische Doktrinen weiterbauten.

Heinrich VIII., 1491 – 1547, König von England seit 1509, Sohn und Nachfolger Heinrichs VII.

Helvetius, Claude Adrien, 1715 – 1771, französischer Philosoph, Sensualist, Verfasser des Buches *De l'esprit*

Herz, Henriette, 1764 – 1847, eine durch seltene Schönheit und hohe Geistesbildung sowie durch ihre persönlichen Beziehungen zu den namhaftesten Männern ihres Zeitalters ausgezeichnete Frau. In ihrem Salon verkehrten u.a. Engel, Dohm, Schadow, Gentz, Humboldt, Schlegel, Varnhagen von Ense, Rahel Levin, Schleiermacher.

Holbach, Paul Heinrich Dietrich Freiherr von, 1723 – 1789, in Frankreich lebender Philosoph deutscher Herkunft, Vertreter des Atheismus und Materialismus

Houdetot, Elisabeth Comtesse de, 1730 – 1813, durch ihren Geist und ihren Salon berühmte Frau, war die Freundin von Saint-Lambert und von Jean Jacques Rousseau.

Houdon, Jean-Antoine, 1741 – 1828, französischer Bildhauer, geboren in Versailles. Er hat Büsten einer großen Anzahl bekannter Männer ausgeführt, u.a. die von Voltaire. Seine Werke sind voll Natürlichkeit und Wahrheit.

J.

Jefferson, Thomas, 1743 – 1826, nordamerikanischer Staatsmann und 3. Präsident der Vereinigten Staaten (1801 – 1809), 1785 – 89 Gesandter in Paris, 1792 – 94 Staatssekretär, entwarf die Unabhängigkeitserklärung von 1776, Führer der Demokraten und Gegner der Föderalisten.

K.

Kant, Immanuel, 1724 – 1804, deutscher Philosoph, seit 1770 Professor in Königsberg, vollendete die mit Descartes begonnene rationalistische Entwicklung der modernen Philosophie in einem Grade, der die Philosophie selbst in Frage stellte, da das Bestreben nach unbedingt gültiger Erkenntnis in die Frage nach den Möglichkeiten des Erkenntnisvermögens ausmündete (Kritizismus). Kant, von den einen als Stammvater einer neuen Metaphysik, von den anderen als Wegweiser eines wissenschaftlich fundierten Empirismus, von dritten als Prophet subjektivistischer Weltschöpfung aus dem Menschengeiste angesehen, bedeutet in seiner intellektuellen Redlichkeit und sittlichen Strenge (kategorischer Imperativ) eine hohe Schule, wo nicht der Philosophie, so des Philosophierens.

Karl VII., 1403 – 1461, französischer König, wurde der inneren und äußeren Wirren durch das Eingreifen der Jeanne d'Arc Herr.

Katharina II., die Große, 1729 – 1796, geborene Prinzessin Sophie von Anhalt-Zerbst, vermählt mit Kaiser Peter III. von Rußland, durch dessen Sturz sie die Regierung an sich riß. Erweiterte Rußland um große Teile Polens und besiegte die Türken; begann im Innern liberal, stieß jedoch bei ihren großzügig angelegten, von Aufklärungsideen inspirierten Projekten zur Erhebung des Bauernstandes auf den Widerstand des Adels. Nach dem niedergeschlagenen Pugačev-Aufstand innenpolitisch inaktiver geworden, ließ sie sich durch die französische Revolution einschüchtern und zu einem reaktionären Kurs bestimmen. Freundin Diderots und Grimms, selbst vielseitig gebildet und begabte Schriftstellerin. Sie hat das Werk Peters des Großen vollendet.

Kaunitz, Wenzel Anton Reichsfürst von Kaunitz-Rietberg, 1711. 1794, österreichischer Staatsmann unter Maria Theresia, 1750 – 1753 Gesandter in Paris, 1753 – 1792 Hof- und Staatskanzler

Kleist, Heinrich von, 1777 – 1811, geboren in Frankfurt/Oder, deutscher Dramatiker und Novellist, in der Wahl seiner Stoffe romantisch, in der Psychologie bereits ganz modern. Verfasser des *Michael Kohlhaas*, der *Penthesilea* und des *Prinzen von Homburg*.

L.

La Fayette (Lafayette), Marie Joseph Paul Roch Yves Gilbert Motier Marquis de, 1757 – 1834, französischer General und Staatsmann, kämpfte 1776 – 1781 auf Seiten der Union im amerikanischen Unabhängigkeitskrieg.

La Fontaine, Jean de, 1621 – 1695, französischer Fabeldichter

La Marck, August Maria Raimund, Graf von, Prinz von Arenberg, 1753 – 1833, diente 1771/2 mit Auszeichnung in Indien, kämpfte 1780/2 in Nordamerika gegen die Engländer, 1789 zählte er in der Nationalversammlung zu den gemäßigten Mitgliedern, unterstützte Mirabeau wiederholt mit Geldmitteln und führte schließlich die Verbindung mit dem Hofe herbei. Seine geistvollen Memoiren und sein Briefwechsel mit Mirabeau wurde von Bacourt herausgegeben.

Law, John, 1671 – 1729, schottischer Finanzmann und Geldtheoretiker, 1716 – 1720 von leitendem Einfluß auf die französische Finanzpolitik, 1720 Finanzminister

Lévis, François Gaston, 1720 – 1787, Herzog von Bischof und Schriftsteller

Lespinasse, Fräulein von, 1732 – 1776, Gesellschafterin der Madame de Deffand, übertraf sie an Geist und war Mittelpunkt der Encyclopädisten, die vorzugsweise in ihrem Salon verkehrten.

Locke, John, 1632 – 1704, englischer Philosoph, Staatstheoretiker, Begründer des Empirismus. In seinen Untersuchungen über den menschlichen Verstand Vorläufer Kants, lebte längere Zeit in Holland, Vertreter der Volkssouverainität.

Lothringen, Franz von und Franz I., 1708 – 1765, deutscher Kaiser seit 1745 und Großherzog von Toskana seit 1737, 1729 – 1735 Herzog von Lothringen, Sohn und Nachfolger Herzog Leopolds von Lothringen und der Elisabeth Charlotte von Orleans, 1736 vermählt mit Maria Theresia, seit

1740 Mitregent der österreichischen Erblande, Stammvater des Baumes Habsburg-Lothringen.

Ludwig XI., 1423 – 1483, König von Frankreich seit 1461, Sohn und Nachfolger Karls VII. und der Maria von Anjou, vermählt 1) 1436 mit Margarete von Schottland (†1444), 2) mit Charlotte von Savoyen, vereinte Anjou und Maine, das Herzogtum Burgund und die Pikardie mit Frankreich.

Ludwig XIII., 1601 – 1643, König von Frankreich (seit 1610, bis 1614 unter Vormundtschaft), Sohn und Nachfolger Heinrichs IV. und der Maria Medici (†1641), 1615 vermählt mit Maria Anna (†1660), Tochter Philipps III. von Spanien.

Ludwig XIV., 1638 – 1715, König von Frankreich (seit 1643, bis 1661 unter Vormundtschaft), Sohn und Nachfolger Ludwigs XIII., vermählt mit 1) 1660 Maria Theresia (†1683), Tochter Philipps IV. von Spanien, 2) 1685 Marquise von Maintenon (†1719).

Ludwig XV., 1710 – 1774, König von Frankreich (seit 1715, bis 1723 unter Regentschaft), Sohn des Herzogs Ludwig von Burgund (†1712), Urenkel und Nachfolger Ludwigs XIV., 1725 vermählt mit Maria Leszczynska (†1768), Tochter des Königs Stanisławs Leszczynski von Polen.

Ludwig XVI., 1754 – 1793, König von Frankreich (1774 – 1792), Sohn des Dauphin Ludwig (†1765) und der Maria Josefa von Sachsen, Enkel und Nachfolger Ludwigs XV., 1770 vermählt mit Marie Antoinette, Tochter Franz I. und Maria Theresias, 1792/3 gefangen und hingerichtet.

M.

Machiavelli, Nicolo di Bernardo dei, 1469 – 1527, italienischer Politiker und Staatsmann in florentinischen Diensten, Dichter, Historiker und Staatstheoretiker (1514 *Il Principe*)

Madison, James, 1751 – 1836, nordamerikanischer Politiker und Staatsmann, 1801 – 1809 Staatssekretär, 1809 – 1817 als Nachfolger Jeffersons 4. Präsident der Vereinigten Staaten

Marc Aurel, 121 – 180 n. Chr., der sittlich hochstehendste der römischen Herrscher. Er regierte von 161 – 180, führte mit Erfolg Krieg gegen die Barbaren, die das Reich bedrohten. Er ist berühmt durch seine stoische Lebenshaltung, seine Mäßigung und seine leidenschaftliche Anteilnahme an philosophischen Fragen.

Maria Leszczynska, 1703 – 1768, Tochter des Polenkönigs Stanisław Leszczynski, vermählt 1725 mit Ludwig XV. von Frankreich.

Maria Theresia, 1717 – 1780, Kaiserin und Herrscherin in Österreich und Ungarn (seit 1740), Tochter und Nachfolgerin Karls VI., 1736 mit Franz Stefan von Lothringen vermählt.

Marie Antoinette, 1755 – 1793, Königin von Frankreich, Tochter Kaiser Franz I. und Maria Theresias, 1770 mit dem nachmaligen Ludwig XVI. vermählt, seit 1792 in Haft, hingerichtet.

Marmontel, Jean-François, 1723 – 1799, französischer Schriftsteller, Verfasser von *Bélisaire* und interessanten *Mémoires*.

Maurepas, Jean-Frédéric de, 1701 – 1781, Minister unter Ludwig XV. und Ludwig XVI.

Mauvillon, Jakob, 1743 – 1794, deutscher Schriftsteller. Er war Mirabeau beim Sammeln und Sichten des Materials für die „*Monarchie Prussienne*" behilflich.

Mendelssohn, Moses, 1729 – 1786, Pionier der Einschmelzung der Juden in die deutsche Kultur (Bibelübersetzung), populärer Verbreiter der Leibniz-Wolffischen optimistischen Philosophie, Freund Lessings und entschiedener Gegner Spinozas, ahnte im „Alles-Zermalmer" Kant den Begründer einer neuen, ihm fremden philosophischen Epoche.

Mirabeau, Honoré Gabriel de, passim

Möllendorf, Wichard Joachim Heinrich, Graf von, 1724 – 1816, preußischer Generalfeldmarschall, begann als Page am Hof Friedrich II. und zeichnete sich später in den Kriegen, die Friedrich II. führte, durch besondere Tapferkeit aus. Mit Friedrich II. stand er in freundschaftlichen Beziehungen.

Montesquieu, Charles de Secondat Baron de la Brède et de M., 1689 – 1755, französischer Philosoph, Staatstheoretiker und politischer Schriftsteller (1748 *Esprit des Lois*).

Mounier, Jean-Joseph, 1758 – 1806, Schriftsteller und französischer Politiker, geboren in Grenoble.

N.

Necker, Jacques, 1732 – 1804, Genfer Bankier, 1777 – 1781 und 1788 – 1790 französischer Finanzminister.

Newton, Sir Isaac, 1643 – 1727, englischer Mathematiker, Physiker und Astronom, durch Entdeckung des Gravitationsgesetzes (1666) Begründer der modernen Physik, Erfinder des Spiegelteleskops.

Néhra, Madame de (Henriette-Amélie van Haren), passim

P.

Pascal, Blaise, 1623 – 1662, französischer Mathematiker und Religionsphilosoph.

Philipp II., 1674 – 1723, Herzog von Orleans (seit 1701), Sohn Philipps I., des Bruders Ludwigs XIV., seit 1715 Regent für Ludwig XV., seine Mutter war Liselotte von der Pfalz.

Plato, 429 – 347 v. Chr., griechischer Philosoph, Schüler des Sokrates, durch seine Ideenlehre Begründer eines metaphysischen Dualismus zwischen dem Reiche der Wesenheiten und dem der wandelbaren Erscheinungen; in seiner *Republik* entwirft er das Bild eines nach philosophischen Ideen hierarchisch geleiteten, deutliche sozialistische Züge tragenden Idealstaates, um in der Altersschrift „*Gesetze*" eine Kompromißlösung in Gestalt des „Zweitbesten Staates" zu suchen.

Pompadour, Jeanne Antoinette Poisson Marquise de (1745), seit 1752 Herzogin, 1721 – 1764, Maîtresse Ludwigs XV. von Frankreich (seit 1745), 1741 vermählt mit Lenormant d'Etioles.

Preußen, Prinz Heinrich von, 1726 – 1803, zweiter Bruder Friedrichs des Großen, Heerführer und Diplomat, vermählt mit Wilhelmine von Hessen-Kassel.

Provence, Graf von, 1755 – 1824, Bruder Ludwigs XVI. und nachmaliger König Ludwig XVIII. von Frankreich, hinterließ keine Kinder, ihm folgte sein Bruder, der Graf von Artois als Karl X.

R.

Rabaut-Saint-Etienne, Jean Paul, 1745 – 1793, geboren zu Nîmes, Mitglied des Convents, Girondist, wurde 1793 enthauptet.

Raynal, Abbé Guillaume, 1713 – 1796, Geschichtsforscher und französischer Philosoph, Verfasser der berühmten „*Histoire philosophique et politique des établissements et du commerce des Européens dans les deux Indes*".

Robespierre, Maximilien, 1758 – 1794, geboren zu Arras, Advokat, Mitglied des Convents, er richtete den Kult des höchsten Wesens ein, ließ seine Gegner in Scharen hinrichten, darunter auch Danton und endete schließlich selbst auf dem Schafott.

Rousseau, Jean Jacques, 1712 – 1778, französischer aus Genf stammender Philosoph, Kulturkritiker und Staatstheoretiker sowie Pädagoge (1761 *Nouvelle Héloîse*, 1762 *Contrat social* und *Émile*).

S.

Sainte-Beuve, Charles Augustin de, 1804 – 1869, berühmter französischer Kritiker, Verfasser der *Portraits littéraires*, der *Causeries du Lundi*, *Nouveaux Lundis* usw. Er faßte die literarische Kritik auf als Wiedergabe des eigentlichen Genies des Schriftstellers, in dieser Aufgabe bewies er außerordentlich viel Geschmack, Finesse und Exaktheit.

Saint-Simon, Claude Henri de Rouvroy, Comte de, 1675 – 1755, französischer Schriftsteller, Grandseigneur am Hofe Ludwigs XIV., Verfasser der berühmten *Mémoires*, in welchen er in hervorragender Weise die 1000 Vorfälle am Hof und die Charaktere der Hofleute schildert. Sein Stil ist plastisch, eigenwillig und eindringlich.

Schiller, Friedrich von, 1759 – 1805, neben Goethe größter deutscher Dichter, Verfasser der *Räuber*, des *Wallenstein*, *Don Carlos*, *Wilhelm Tell*, von *Kabale und Liebe*, der *Abhandlung über den Abfall der Niederlande* etc. Seine Gestalten repräsentieren ein übersteigertes Ideal und sind ein wenig konventionell. Sein bilderreicher Stil gleitet gelegentlich ins rein Deklamatorische über, bleibt aber stets harmonisch. Er übt bis heute einen großen Einfluß aus.

Siéyès, Abbé, 1748 – 1836, berühmter theoretischer Politiker während der Revolution, trat hervor mit seiner Schrift „*C'est-ce que le tiers état?*", er war nach und nach Mitglied der Nationalversammlung, des Convents, wo er sich abseits hielt, des Rates der Fünfhundert und Direktor.

Sirven, Pierre-Paul, 1709 – 1764, Protestant, das Parlament verurteilte ihn zum Tode, da man ihn beschuldigte, daß er seine Tochter habe umkommen lassen, um sie am Übertritt zum Katholizismus zu hindern. Durch die Bemühungen Voltaires wurde er 5 Jahre später rehabilitiert.

Smith, Adam, 1723 – 1790, englischer Nationalökonom und Philosoph, Begründer der klassischen Nationalökonomie und Verfasser der Schrift *The Wealth of Nations*.

Staël, Madame de, 1766 – 1817, Tochter des Finanzministers Necker, berühmt durch ihre Schriften *Delphine*, *Corinne*, *de l'Allemagne*. Von Napoleon wurde sie ihrer liberalen Tendenzen halber verfolgt. Die Romantik lebte zu einem guten Teil von politischen, literarischen und sittlichen Anschauungen, die sie vermittelt hat.

Stanisław, Leszczynski, 1677 – 1766, König von Polen, Schwiegervater Ludwigs XV., Herzog von Lothringen.

Stendhal, Henri Beyle, 1783 – 1842, geboren zu Grenoble, Verfasser der Romane *L'Amour*, *La Chartreuse de Parma*, *Le Rouge et le Noir*. Seine

Romane sind ein merkwürdiges Gemisch von psychologischer Analyse des Charakters und sentimentaler Begeisterung. Er war ein großer Verehrer Napoleons und haßte die geistlose, reiche Bourgeoisie, die sich nach der Revolution breit machte.

T.

Talleyrand-Périgord, Charles-Maurice de, Prinz von Bénévent, 1754 – 1838, französischer Diplomat, geboren in Paris. Er war Bischof von Autun unter dem ancien régime, Präsident der Nationalversammlung 1790, Minister des Auswärtigen unter der Herrschaft des Direktoire, des Consulat und des Kaiserreiches. Er verband sich mit der Restauration und spielte noch eine große Rolle auf dem Wiener Kongreß 1815. Er war einer der geistvollsten Diplomaten, verschlagen, behauptete sich in jeder politischen Richtung, aber ohne moralische Qualitäten.

Targot, Guy-Jean-Baptiste, 1733 – 1807, französischer Advokat, geboren zu Paris, einer der Redakteure des Code Civil.

Titus, 39 – 81 n. Chr., Sohn des Vespasian, römischer Herrscher 79 – 81, er erhielt den Beinamen Les Délices du genre humain (höchste Freude des menschlichen Geschlechts), da er zu den Herrschern zählt, die versuchten, die Leiden des Volkes zu lindern. Diem perdidi (Freunde, ich habe einen Tag verloren), rief dieser philosophische Herrscher aus, wenn der Tag vergangen war, ohne daß er Gelegenheit gefunden hätte, eine Gnade zu gewähren. Während der Regierung seines Vaters hatte er Jerusalem eingenommen und zerstört (70). Während seiner eigenen Regierung brach der Vesuv aus im Jahre 79 und verschüttete Herculaneum und Pompeji.

Trajan, 53 – 117 n. Chr., römischer Herrscher von 98 bis 117, er wurde in Italica (Spanien) geboren, besiegte die Dacier und die Parthen, er war ein ausgezeichneter Organisator.

Turgot, Anne Robert Jacques Baron de l'Aulne, 1727 – 1781, französischer Staatsmann, Finanz- und Wirtschaftspolitiker, Physiokrat, 1774 – 1776 Finanzminister.

V.

Varnhagen von Ense, Rahel, Antonie, Friderike, 1771 – 1833, war der Mittelpunkt geistreicher Kreise und wirkte in ästhetischer wie religionsphilosophischer Richtung anregend. Lange Zeit war sie mit Alexander von der Marwitz befreundet, nach seinem Tode trat sie zum Christentum über und vermählte sich mit dem Schriftsteller und Geheimen Legationsrat Varnhagen von Ense. Aus ihrem schriftlichen Nachlaß gab ihr Gatte ein Buch heraus: „*Rahel, ein Buch des Andenkens für ihre Freunde*".

Vauban, Sébastien le Prêtre de, 1633 – 1707, französischer Festungsbaumeister, 1703 Marschall, 1705 fiel er in Ungnade wegen seiner Schrift *Projet du dime royal* (Entwurf über den königlichen Zehnten), in der er gleichmäßige Verteilung der Steuern forderte.

Voltaire, François Marie Arouet, 1694 – 1778, französischer Aufklärungsphilosoph und Dichter, Vorkämpfer der Toleranzidee, Mitarbeiter der *Encyclopädie*, 1726 – 1729 in England, 1750 – 1753 in Sanssouci am Hofe Friedrichs des Großen.

W.

Washington, George, 1732 – 1799, erster zweimal gewählter Präsident der Vereinigten Staaten (1789 – 1797), Oberbefehlshaber im Unabhängigkeitskrieg (seit 1775), 1759 Mitglied des virginischen Landtages, 1774 Kongreßmitglied. Eine hohe praktische Vernunft, ausdauernde Aktivität, ein ruhiger, starker Wille, Rechtschaffenheit, Gerechtigkeitssinn und Reinheit der Absichten zeichnen diesen Befreier des amerikanischen Staates vor allen anderen Staatsmännern aus. In seinem Charakter liegt weder Großartiges noch Diktatorisches, wodurch andere Staatsgründer oft hervortreten.

Anhang
1.Beilage

Die Unabhängigkeitserklärung der Vereinigten Staaten von Amerika

Entwurf von Thomas Jefferson, korrigiert von Benjamin Franklin und John Adams
Wiedergegeben wird die endgültige Fassung vom 4. Juli 1776.

Wenn es im Laufe der geschichtlichen Ereignisse für ein Volk notwendig wird, die politischen Bande zu lösen, die es mit einem anderen verknüpft haben, und unter den Mächten der Erde die gesonderte und gleichwertige einzunehmen, zu der die Gesetze der Natur und des Schöpfers es berechtigen, so erfordert eine geziemende Achtung vor der Meinung der Welt, daß es die Gründe angibt, die es zu der Trennung zwingen.

Wir halten diese Wahrheiten für in sich einleuchtend: daß alle Menschen gleich geschaffen sind; daß sie von ihrem Schöpfer mit gewissen unveräußerlichen Rechten ausgestattet sind, darunter Leben, Freiheit und Streben nach Glück; daß zur Sicherung dieser Rechte Regierungen unter den Menschen eingesetzt sind, die ihre gerechten Vollmachten von der Einwilligung der Regierten herleiten; daß, wenn immer eine Regierungsform diesen Zielen zum Schaden gereicht, es das Recht des Volkes ist, sie zu ändern oder abzuschaffen, und eine neue Regierung einzusetzen, die sich auf solchen Grundsätzen aufbaut und ihre Macht in einer Weise organisiert, wie sie am geeignetsten erscheint, seine Sicherheit und sein Glück zu schaffen. In der Tat wird die Klugheit gebieten, daß seit langem bestehende Regierungsformen nicht aus geringfügigen und vorübergehenden Ursachen geändert werden sollten, und dementsprechend beweist alle Erfahrung, daß die Menschheit eher geneigt ist zu dulden, so lange die Mißstände ertragbar sind, als sich Recht zu verschaffen durch Abschaffung der Formen, an die sie gewöhnt ist. Aber wenn eine lange Kette von Mißbräuchen und Anmaßungen, stets das gleiche Ziel verfolgend, die Absicht enthüllt, ein Volk unter den unbeschränkten Despotismus zu beugen, so ist es sein Recht, ist es seine Pflicht, eine solche Herrschaft abzuschütteln und sich neue Bürgschaften für seine zukünftige Sicherheit zu verschaffen. Solcher Art ist das geduldige Leiden dieser Kolonien gewesen, und so zwingt sie jetzt die Notwendigkeit, ihr früheres Regierungssystem zu ändern. Die Geschichte des gegenwärtigen Königs von Großbritannien ist eine Geschichte wiederholter Beleidigungen und Anmaßungen, die alle das direkte Ziel verfolgen, eine unbeschränkte Tyrannei über diese Staaten aufzurichten. Zum Beweise hierfür mögen Tatsachen einer geneigten Welt unterbreitet werden:

Er hat seine Zustimmung zu Gesetzen verweigert, die durchaus zweckmäßig und für das allgemeine Wohl erforderlich waren.

Er hat seinen Gouverneuren verboten, Gesetze von unmittelbarer und dringender Wichtigkeit zu erlassen, es sei denn, daß ihre Rechtskraft ausgesetzt würde, bis seine Zustimmung erlangt sei; und so lange sie nicht in Kraft gesetzt waren, hat er es gänzlich versäumt, sich mit ihnen zu befassen.

Er hat sich geweigert, andere Gesetze zum Nutzen weiter Volksschichten zu erlassen, wenn diese nicht auf das Recht der Vertretung in der gesetzgebenden Körperschaft verzichteten, ein Recht, das für sie unschätzbar und nur für Tyrannen furchtbar ist.

Er hat gesetzgebende Körperschaften zu ungewöhnlichen, unbequemen und von dem Aufbewahrungsort ihrer Staatsakten abgelegenen Orten einberufen, nur zu dem Zweck, sie zu zermürben, um sie seinen Maßnahmen gefügig zu machen.

Er hat wiederholt Volksvertretungen aufgelöst, weil sie sich mit mannhafter Festigkeit seinen Eingriffen in die Rechte des Volkes widersetzten.

Er hat sich nach solchen Auflösungen Neuwahlen lange Zeit widersetzt, wodurch die gesetzgebende Gewalt, die nicht aufgehoben werden kann, wieder an das Volk in seiner Gesamtheit zurückfiel, während der Staat inzwischen allen Gefahren eines Angriffs von außen und Erschütterungen im Innern preisgegeben war.

Er hat versucht, die Bevölkerungszunahme dieser Staaten zu unterbinden, indem er Gesetze zur Einbürgerung von Ausländern verhinderte, andere, der Einwanderung förderliche, nicht erließ und die Bedingungen für neuen Landerwerb erschwerte.

Er hat die Justizverwaltung gelähmt, indem er seine Zustimmung zu Gesetzen verweigerte, die Rechtsgewalten schaffen sollten.

Er hat Richter in ihrer Amtsführung und der Höhe und Auszahlung ihres Gehalts allein von seinem Willen abhängig gemacht.

Er hat eine Unzahl neuer Ämter errichtet, Schwärme von Beamten hierhergesandt, um unser Volk zu bedrücken und von seiner Lebenskraft zu zehren.

Er hat unter uns in Friedenszeiten stehende Heere unterhalten ohne die Zustimmung unserer gesetzgebenden Körperschaften.

Er hat angestrebt, die Militärgewalt von der Zivilgewalt unabhängig zu machen und sie ihr überzuordnen.

Er hat sich mit anderen zusammengetan, um uns einer Rechtsprechung zu unterwerfen, die unserer Verfassung fremd und durch unsere Gesetze nicht anerkannt ist; indem er den Handlungen ihrer angemaßten Gesetzgebung und der Einquartierung großer Truppenmassen zustimmte:

um sie durch Scheinverfahren vor Bestrafung für Morde zu schützen, die sie etwa an Einwohnern dieser Staaten begehen würden;

um unseren Handel mit allen Teilen der Welt abzudrosseln;

um uns Steuern ohne unsere Zustimmung aufzuerlegen;

um uns in vielen Fällen der Vorteile des Schwurgerichts zu berauben;

um uns über See zu schaffen, damit man uns für angebliche Vergehen zur Rechenschaft zöge;

um das freie System englischer Gesetzgebung in einer Nachbarprovinz abzuschaffen, dort eine Willkürherrschaft aufzurichten und ihre Grenzen zu erweitern, als Beispiel und zugleich als geeignetes Werkzeug zur Einführung derselben unbeschränkten Herrschaft in diesen Kolonien;

um uns unsere Freibriefe zu nehmen, unsere wertvollsten Gesetze zu beseitigen und unsere Regierungsform von Grund auf abzuändern;

um unsere eigene Gesetzgebung aufzuheben und sich selbst uns gegenüber für befugt zu erklären, uns in allen Fällen Gesetze zu geben.

Er hat hier auf die Regierung verzichtet, indem er uns außerhalb seines Schutzes stehend erklärte und Krieg gegen uns begann.

Er hat unsere Meere geplündert, unsere Küsten verheert, unsere Städte niedergebrannt, unsere Landsleute getötet.

Er läßt jetzt große Heere fremder Söldner verschiffen, um das Werk des Todes, der Zerstörung und Knechtung zu vollenden, das bereits unter Grausamkeit und Niedertracht, wie sie kaum in den barbarischsten Zeiten ihresgleichen finden, und die des Oberhauptes einer zivilisierten Nation gänzlich unwürdig sind, begonnen hat.

Er hat inneren Aufruhr erregt und hat versucht, auf die Bewohner unserer Grenzgebiete die erbarmungslosen wilden Indianer zu hetzen, deren bekannte Art der Kriegführung in der unterschiedslosen Vernichtung jedes Alters, Geschlechts und aller Lebensbedingungen besteht.

Er hat Mitbürger von uns, die auf hoher See gefangen genommen wurden, gezwungen, die Waffen gegen ihr Vaterland zu erheben und zu Henkern ihrer Freunde und Brüder zu werden oder selbst durch deren Hand zu fallen.

Auf jeder Stufe dieser Bedrückungen sind wir in untertänigsten Ausdrücken um Abhilfe eingekommen; unsere wiederholten Bitten wurden nur mit wiederholten Kränkungen beantwortet. Ein Fürst, dessen Charakter so durch jede seiner Handlungen als tyrannisch gebrandmarkt ist, ist ungeeignet, der H e r r s c h e r über ein freies Volk zu sein.

Auch haben wir es nicht an Achtung vor unseren britischen Brüdern fehlen lassen; wir haben sie von Zeit zu Zeit vor Versuchen gewarnt, durch ihre Gesetzgebung eine gesetzwidrige Rechtsprechung in ungerechtfertigtem Maße auf uns auszudehnen. Wir haben ihnen die Umstände unserer Auswanderung und hiesigen Ansiedlung ins Gedächtnis zurückgerufen; wir haben an ihren natürlichen Gerechtigkeitssinn und ihre Großmut appelliert, wir haben sie bei der Verbundenheit durch unsere gemeinsame Abkunft beschworen, von diesen Anmaßungen zu lassen, die unvermeidlich unsere Bindung und unsere Beziehungen zerreißen würden. Sie sind auch taub gewesen für die Stimme der Gerechtigkeit und der Blutsverwandtschaft. Wir müssen uns deshalb in die Notwendigkeit fügen, die unsere Trennung verlangt, und sie behandeln, wie wir die übrige Menschheit behandeln: als Feinde im Kriege, im Frieden als Freunde!

Wir, die Vertreter der Vereinigten Staaten von Amerika, versammelt im Allgemeinen Kongreß, rufen deshalb den höchsten Richter der Welt zum Zeugen an für die Rechtlichkeit unserer Absichten. Im Namen und in Vollmacht des guten Volkes dieser Kolonien geben wir feierlich bekannt und erklären, daß diese Vereinigten Kolonien sind und von Rechts wegen sein sollen freie und unabhängige Staaten, die sie von jeder Untertanenpflicht gegen die britische Krone befreit sind, und daß jeder politische Zusammenhang zwischen ihnen und dem Staate Großbritannien völlig gelöst ist und sein soll, und daß sie als freie und unabhängige Staaten die volle Macht besitzen: Krieg zu führen, Frieden zu schließen, Bündnisse einzugehen, Handelsbeziehungen anzuknüpfen und alle anderen Handlungen und Dinge vorzunehmen, die unabhängige Staaten von Rechts wegen tun dürfen. Und zur Bekräftigung dieser Erklärung, in festem Vertrauen auf den Schutz der göttlichen Vorsehung, verpfänden wir uns gegenseitig unser Leben, unser Gut und unsere heilige Ehre.

Anhang
2. Beilage

Mirabeaus politische Grundgedanken

(Aus seiner Schrift „*Aux Bataves sur le Stathouderat*", oeuvres de Mirabeau, tome V)

1. Alle Menschen sind frei und gleichgestellt geboren.
2. Da alle Macht vom Volke ausgeht, so sind die verschiedenen Behörden und Beamten, gleichviel ob der gesetzgebenden, vollstreckenden oder richterlichen Gewalt angehörig, dem Volke jederzeit Rechenschaft schuldig.
3. Das Volk hat das Recht, erledigte Stellen durch Wahl zu besetzen.
4. Alle Wahlen müssen frei sein; doch völlig Besitzlose sind von der Wahlfähigkeit und Wählbarkeit ausgeschlossen, weil die Gefahr der Bestechlichkeit besteht.
5. Das Volk hat das Recht, sich zu Beratungen zu versammeln, seinen Vertretern Instruktionen zu geben und der gesetzgebenden Gewalt durch Adressen seine Anliegen und Wünsche vorzutragen.
6. Die Freiheit der Beratung ist so wesentlich, daß keine Rede, welche in der Versammlung gehalten wurde, gerichtlich verfolgt werden darf.
7. Eine lange Stabilität in den höchsten Verwaltungsstellen ist für die Freiheit gefährlich; periodischer Wechsel ist notwendig.
8. Niemand darf mehrere gewinnbringende Ämter gleichzeitig verwalten.
9. Unbedingte Trennung der gesetzgebenden, ausführenden und gerichtlichen Gewalt ist notwendig. Wenn die gesetzgebende Gewalt nicht von Jahr zu Jahr, sondern ein für alle Mal die Erhebung der Auflagen festsetzt, so läuft sie Gefahr, die Freiheit zu vernichten, weil dann die ausführende Gewalt nicht mehr von ihr abhängt. Wenn die ausführende Gewalt die Erhebung der Auflagen anordnet, so gibt es keine Freiheit mehr; denn sie hat sich dann das wichtigste

Recht der gesetzgebenden Gewalt angemaßt. Wenn die richterliche Gewalt mit der gesetzgebenden ist, so hängen Leben und Freiheit der Bürger von der Laune ab; denn der Richter ist Gesetzgeber; wenn sie mit der ausführenden Gewalt vereint ist, so hat der Richter die Macht eines Unterdrückers. Übt einer und derselbe alle drei Gewalten aus, sei es unmittelbar oder durch seinen Einfluß, so ist alles verloren.

10. Das Recht, Gesetze aufzuheben, kann nur von der gesetzgebenden Gewalt ausgeübt werden. Man muß sich eher beeilen, durch die Zeit veraltete Gesetze abzuschaffen, damit die Mißachtung der toten Gesetze nicht auf die lebendigen Gesetze wirke.
11. Das Volk hat das allgemeine Waffenrecht.
12. Eine gut geordnete Bürgerwehr ist die natürlichste und sicherste Verteidigung einer freien Regierung.
13. Stehende Heere sind gefährlich für die Freiheit; ohne Zustimmung des gesetzgebenden Körpers dürfen Truppen weder ausgehoben noch unterhalten werden. Das Militär muß der bürgerlichen Gewalt streng untergeordnet sein.
14. Kein Eigentum einer Privatperson darf zu öffentlichen Zwecken verwendet werden, ohne seine eigene oder der Volksvertretung Zustimmung.
15. Die Rechtspflege muß rasch, unentgeltlich und unparteiisch sein.
16. Kein Bürger darf verbannt oder seines Lebens, seiner Freiheit und seiner Güter beraubt werden, außer durch gültigen Richterspruch.
17. Jeder Bürger, der in seiner persönlichen Freiheit behindert wird, hat das Recht, über den Grund dieses Hindernisses Aufschluß zu verlangen und nötigenfalls auf Schadenersatz zu klagen.
18. Jeder Bürger muß vor jeder vorläufigen Beschlagnahme seiner Person und seines Eigentums gesichert sein.
19. Die Richter müssen unabhängig und solange unabsetzbar sein, als sie keinen legalen Grund zur Klage geben.
20. Jeder Akt des Königs muß von einem verantwortlichen Minister gegengezeichnet sein.

21. Der König muß gegenüber den Beschlüssen der Nationalversammlung das suspensive Veto haben.
22. Das Briefgeheimnis ist das unverletzliche Recht jedes Bürgers. Der Bürger besitzt das Recht, seine Gedanken in Wort und Schrift zu verbreiten, falls die Rechte anderer nicht angetastet werden.
23. Alle Kulte müssen frei ausgeübt werden.
24. Das Volk, für dessen Glück die Regierung besteht, hat das unveräußerliche Recht, sie zu reformieren, zu verbessern, oder völlig umzugestalten, falls sein Glück dies erfordert.
25. Ein Volk kann seine freie Regierung nur bewahren, wenn es sich ständig an die Gebote der Gerechtigkeit, der Mäßigung, der Sparsamkeit und der Tugend hält. Die Moral ist die Basis der Politik. Ohne sittliche Grundlage entschwinden die Gesetze und das Glück mit ihnen.
26. Privilegien sind hassenswert und dem Geist einer freien Regierung entgegengesetzt.
27. Da keine Gesellschaftsklasse Privilegien haben darf, desgleichen Titel nicht erblich sein dürfen, so ist auch die Idee eines Menschen, der als Beamter, Richter oder General geboren würde, absurd und gegen die Natur.
28. Die Freiheit der Presse muß strikt gewahrt werden ... Nur unter dem Einfluß dieser unwiderstehlichen Freiheit kann die Erziehung große Fortschritte machen. Je mehr sich dieses Licht verbreitet, um so mehr Rechte haben die Menschen zu beanspruchen, um so mehr Pflichten zu erfüllen. Die Freiheit der Presse ist der Hort aller Freiheiten. Nur sie allein vermag die entstehenden Staaten schnell zur dauernden Reife zu führen. Nur durch sie verjüngen sich durch inneren Verfall bedrohte Staaten.

Nachwort

„Habent fata sua libelli" – die Büchlein haben ihre Schicksale – dieses Sprichwort trifft im wörtlichen Sinne auf die Geschichte des vorliegenden Buches zu.

Meine Mutter Jenny Herrmann hatte Ende der Zwanziger Jahre des vorigen Jahrhunderts begonnen, an der Friedrich Wilhelm Universität zu Berlin bei Prof. Wechssler Romanistik zu studieren. Hatte sie anfangs noch Anglistik und Romanistik studiert, konzentrierte sie sich nach vier Semestern ganz auf die Romanistik, d.h. Französisch, Altfranzösisch, Provenzalisch, Spanisch und Italienisch.

In ihren Memoiren schilderte sie den Fortgang ihres Studiums:[1]

„Bei Prof. Stählin nahm ich am Seminar über Übungen zum Vergleich der Vorgeschichte der französischen und der russischen Revolution von 1905 teil. Ich übernahm ein Referat über Diderot. Dr. Leopold Silberstein hielt ein Referat über „Was tun?" von Tschernyschewskij. Diesen Übungen wohnten auch etliche russische Emigranten bei, die ich später noch kennen lernte. Zunächst knüpfte sich die Bekanntschaft mit Dr. Silberstein an, der mich zu meinem Referat beglückwünschte. Ich wiederum bewunderte ihn wegen seiner enormen Kenntnis der russischen Geschichte und Literatur. Er erschien stets in schwarzer Kleidung, schien im übrigen jedoch kein unfroher Mensch zu sein. Wir stellten beide philosophische Interessen fest, und er erzählte mir, daß er zu jedem Wochenende nach Heidelberg zu Vorlesungen bei Prof. Heidegger fahre, der damals philosophisch en vogue war."

Weiter erzählte sie über ihr Romanistikstudium: [2]

„Im Romanischen Seminar studierte ich damals das altfranzösische Rolandslied und den Lanzelot von Crétien de Troyes. Ich beteiligte mich an kunstgeschichtlichen Führungen durch das Museum bei Prof. Fischel zur italienischen Malerei, der Renaissance, wodurch meine Italienreise wieder in mir lebendig wurde. Bei Prof. Hartung nahm ich an Vorlesungen über das Zeitalter des Absolutismus und der Aufklärung teil, desgleichen an den dazu gehörigen Übungen. Im Seminar behandelte er mit besonderer Höflichkeit einen gewissen Herrn von Schloß. Als ich mich bei ihm zur Fleißprüfung wegen des Gebührenerlasses meldete, meinte er unwirsch: nun sei die Re-

---

[1] J. Herrmann: Jennys Leben, BoD (2012), S. 99f.
[2] a.a.O., S. 108

publik dabei, auch noch ein intellektuelles Proletariat heranzuzüchten. Aber ich bestand die Fleißprüfungen trotz seiner undemokratischen Reaktion."

Die Fleißprüfungen waren für Jenny Herrmann unbedingt notwendig, weil sie sich das Studium durch Arbeit als Hauslehrerin erarbeiten musste und sie auf diese Weise die Studiengebühren einsparen konnte.

Nachdem sie sich 1931 mit Dr. Leopold Silberstein verlobt hatte, ermutigte er sie, ein Dissertationsthema zu bearbeiten. Dies erwähnte sie auch in ihren Memoiren: [3]

„In der Folge nahm ich noch an Übungen zur Französischen Revolution bei Frau Dr. Hedwig Hintze teil, desgleichen an Übungen zu Rabelais bei Herrn Prof. Wechssler (die Divina Commedia hatte ich bereits hinter mich gebracht). Ich hörte noch ein Kolleg zur Geschichte Rußlands bei Herrn Prof. Stählin und beteiligte mich an Übungen zur Mission des Ritterordens in Westpreußen bei Prof. Brackmann (Dokumente in lateinischer Sprache). Ferner bat ich Herrn Prof. Wechssler um ein Thema zu einer Dissertation. Er schlug mir zur Auswahl den Mystiker Jacob Böhme oder den Grafen Mirabeau aus der Französischen Revolution vor. Jacob Böhme lag mir gedanklich zu fern. Ich wählte daher Mirabeau, begann mit der Stoffsammlung und versuchte, auch antiquarisch einige Schriften zu erwerben. Ich begann, mich intensiver mit der Französischen Revolution zu beschäftigen, wozu die Übungen bei Frau Dr. Hintze recht angetan waren."

Nach dem Machtantritt Hitlers emigrierte die junge Familie Silberstein, die als jüdischer und sozialistischer Haushalt aufs höchste gefährdet war, am 31. März 1933 nach Prag. In dieser aufregenden Zeit war nicht daran zu denken, an der Dissertation weiter zu arbeiten. Erst nachdem L. Silberstein im Jahre 1937 eine Anstellung durch das tschechische Schulministerium als Lektor für tschechische Sprache und Kultur an der Universität Tartu in Estland gefunden hatte, kam sie dazu, die Arbeit an der Dissertation fortzusetzen.

„Trotz aller finanziellen Sorgen hatte ich, während Poldi [im Juli/August 1937] in Paris weilte, mich endlich an die Fertigstellung meiner in Berlin begonnenen Dissertation über Mirabeau gemacht und sie in einem rasanten Tempo niedergeschrieben. Poldi war geradezu begeistert, als er sie in Prag las und beglückt über meine schöpferische Kraft, die er mir ja in der Regel raubte, da er mich für jede Zeile, die er schrieb, in Anspruch nahm und mich fortgesetzt in philosophische Diskussionen verwickelte, so daß ich

---

[3] a.a.O., S. 117

dessen mitunter müde wurde. Nun aber war er glücklich über die Entfaltung meiner Persönlichkeit, und es handelte sich jetzt darum, dafür einen Verlag zu finden."[4]

Ihr Ehemann Leopold Silberstein nahm damals gerade am 9. Internationalen Philosophenkongress in Paris teil, wo er sich auch bemühte, die Veröffentlichung des Manuskripts zu befördern. Aber dies gestaltete sich recht schwierig, was ein Brief von L. Silberstein an seine Frau wiederspiegelt: [5]

„Nun zu Deinem Mirabeau. Gerda ist durch einen Preissturz des Kaffees tatsächlich gezwungen gewesen, sehr rasch einen Posten anzunehmen, der sie, zumal er qualifiziert zu sein scheint und wirklich einen wesentlichen Zuschuß bedeutet, heftig in Anspruch nimmt, so daß sie keinen Menschen sieht. Unter diesen Umständen ist kaum darauf zu rechnen, daß sie vorderhand mit Erfolg etwas machen kann, wenn ich auch nicht aufhöre, sie darum zu bitten. Rudrauf hat das Buch mit großem Interesse gelesen, findet es sehr gut, mit viel Schmiß, ja „passion", und richtigem Urteil – aber: er weiß nicht, wo er das Geld für ein Annuaire [Jahrbuch] von 300 S. auftreiben soll, und dann ein Block von 80 S. Außerdem hält er es für wichtiger, die Sache deutsch zu veröffentlichen, denn in Frankreich hieße es prêcher dans un pays converti [in einem bekehrten Land predigen]. Kurz und gut, zweifellos gefällt ihm die Arbeit, aber er persönlich möchte lieber nicht und „vermiest" mir zu diesem Behuf sogar sein Annuaire, das doch eine so geringe Publizität habe (Auflage: 500) und Deinen Absichten gar nicht zu dienen geeignet sei. Wende Dich doch bitte an Fichelle, der mir auf meine Glückwünsche in sehr freundschaftlicher Weise gedankt hat. Grüße ihn von mir und sage, daß ich mit Rudrauf in ständigem Kontakt bin, daß hier das Interesse für das Frz. ständig wächst und ich zu meiner Freude vielfach frz. reden kann. Oder soll ich es in Prag selbst vermitteln? Rudrauf möchte das Exemplar noch behalten, da er über Weihnachten in Paris etwas versuchen will. Heute sprach ich nun mit Dekan Prof. Peeter Tarvel (Päeva 3), der selbst Historiker ist, und in seinem Denken uns nahe steht. Er sucht gerade für die Sammlung „Suur meeste elujood" (Lebensläufe großer Männer) eine populäre Schrift über Mir. von etwa 10 Bogen (160). Er hat zwar seine Sekretärin Frl. mag. Pöltsepp ersucht, etwas zu kompilieren, aber sie hat noch nicht angefangen, und es scheint ihr nicht recht zu liegen. Wenn Du also aus

---

[4] a.a.O., S. 152
[5] a.a.O., S. 159f.

der „Forschung" eine populäre Darstellung machen könntest, die bei aller Wahrung des eigenen Standpunktes nichts als bekannt voraussetzt, hättest Du gute Chancen. Das Buch soll etwa Okt. 38 erscheinen, wohl zur 150-Jahr-Feier von 1789, Du könntest bei Deinem Hiersein im Febr. oder März persönlich mit Tarvel darüber sprechen; ich überlasse es aber Dir, ob Du Dich schon jetzt mit ihm direkt oder durch mich in Verbindung setzen willst.

Titelblatt der estnischen Ausgabe der Schrift „Mirabeau" von J. Herrmann: Mirabeau – Die führenden Männer der großen französischen Revolution Estnische Literaturgesellschaft Tartu 1940

Wenn Du ihm direkt schreibst, so vermeide bitte nur jeden Anschein, als ob Du Frl. Pöltsepp eine Arbeit wegnehmen wolltest, erwähne auch nicht das Wort „Kompilation". Sage, daß Du es eventuell auch begrüßen würdest, wenn Frl. Pöltsepp Deine Gedanken mit Namensnennung zitieren wollte, aber falls Frl. P. sich vielleicht für ein anderes Thema des gleichen Gebiets sehr interessiert (auch Robespierre soll nämlich gemacht werden), daß Du gern zur Verfügung stehen würdest. Prof. T. ist wirklich ein ganz hervorragender Mensch und, wie ich Dir schon eingangs sagte, für mich sehr wichtig."

Gerda (Caspary) war die frühere Verlobte von Leopold Silberstein, die mittlerweile in Paris lebte und den Besitzer einer Kaffeeplantage in Brasilien geheiratet hatte. Er hatte sie im Juli 1937 bei seinem Aufenthalt in Paris getroffen. Prof. Lucien Rudrauf war der Direktor des Französischen Wissenschaftlichen Instituts in Tartu. Prof. Alfred Fichelle leitete das Französische Institut in Prag. Aber schließlich erwies sich der Kontakt zu dem Dekan der Philosophischen Fakultät der Universität Tartu, Prof. Tarvel, als zielführend.

Bei einer Reise von Jenny Silberstein im Mai/Juni 1938 nach Estland konnte sie mit Prof. Tarvel die Veröffentlichung ihrer Dissertation in Tartu vereinbaren: [6]

„Sehr nützlich war für mich der Empfang bei Prof. P. Tarvel, der sich für meine Arbeit über Mirabeau sehr interessierte und bereit war, sie zum 150. Jahrestag der Französischen Revolution von 1789 zu veröffentlichen. Er bat mich, zu meiner Forschung noch einen sozialökonomischen Vorspann zu schreiben und Bildmaterial herauszusuchen. Im Herbst 1938 konnte ich sowohl den Vorspann als auch das Bildmaterial einschicken. Meine Forschung wurde in die estnische Sprache übersetzt, sie erschien am 30. Januar 1940 als Nr. 54 in der Reihe großer Männer als Lehrbuch für die akademische Jugend. Sie umfaßt 150 Druckseiten."

Das Buch, das gerade noch rechtzeitig vor der Einverleibung Estlands in die Sowjetunion erschien, war von L. Anvelt ins Estnische übersetzt worden. Jetzt befinden sich noch Exemplare dieses Buches in Tartu in der Universitätsbibliothek, im Literaturmuseum und in der Stadtbibliothek. Eines der Bücher im Literaturmuseum stammt aus der Sammlung des estnischen Bibliophilen Jan Roos.

Das vorliegende Manuskript entspricht dem Text, der ins Estnische übersetzt und als Lehrbuch veröffentlicht wurde. Das oben erwähnte Referat über „Diderot als geistiger Wegbereiter der französischen Revolution" floss in das vorliegende Buch ein. Die ursprüngliche Fassung als Dissertation existiert allerdings nicht mehr.

Unter den Bedingungen des 1939 ausgebrochenen Weltkriegs und der Okkupation Prags durch Nazi-Deutschland war natürlich ein akademisches Promotionsverfahren in weite Ferne gerückt. Aber bald nach dem Ende des

---

[6] a.a.O., S. 171

Krieges hatten drei befreundete Wissenschaftler – der Schriftsteller und Slawist Dr. Pavel Eisner, der Indogermanist Prof. Dr. Friedrich Slotty und der Rechtshistoriker und Romanist Prof. Dr. Egon Weiß Ende 1945 Gutachten über die Arbeit verfasst. Die Absicht war, Jenny Herrmann bei der Einleitung eines Promotionsverfahrens nach ihrer Übersiedlung von Prag nach Halle/Sa. in der sowjetischen Besatzungszone zu unterstützen.

Dr. Pavel Eisner hob u. a. hervor: [7]

„Als Romanistin schrieb sie eine inhaltsreiche Dissertation über Mirabeau …, durchweht von offenem demokratischem Geist. Diese Dissertation erschien im Jahre 1940 als estnisches Buch, wodurch die Verfasserin noch während des Weltkrieges selbst wertvoll vermehrte die demokratische Literatur, sogar im Sinne der demokratischen Propaganda."

Prof. Slotty gab dieses Gutachten ab: [8]

Univ.-Prof. Dr. F. Slotty,   Prag, den 17.November 1945
Praha I, Masna 10.

Gutachten
über die Dissertation „Mirabeau", verfasst von
Frau Jennie Herrmann-Silberstein

Die Verfasserin bemüht sich, ein vollständiges Bild dieser merkwürdigen Gestalt des 18. Jahrhunderts zu zeichnen, in dem Mirabeau in seiner Ganzheit - als Mensch im Kreise seiner Familie und seines Adelsstandes, als politisches Wesen innerhalb der geistigen Strömungen seiner Zeit und schließlich gegen Ende seines Lebens als Staatsmann – plastisch hervortritt.

Ausgehend von einer tiefschürfenden Kennzeichnung des „ancien régime" und des Bürgertums des 18. Jahrhunderts bietet die Verfasserin eine Darstellung der geistigen Wegbereiter der französischen Revolution und deren Einwirkung auf die innere Wesensgestaltung Mirabeaus, die zugleich durch seine Lebensschicksale mitbestimmt wird. Aus ihren Ausführungen geht deutlich hervor, dass sowohl seiner Lebensführung wie seiner geistigen Entwicklung eine einheitliche, Halt und Richtung gebende Linie fehlt. Daher findet er erst zwei Jahre vor seinem Tode seine Bestimmung: als der erste wirklich grosse Gesetzgeber der französischen Revolution.

---

[7] a.a.O., S. 171
[8] Familienarchiv Jenny Herrmann

Besondere Kapitel über Mirabeau als Schriftsteller und Redner runden das Bild des an sich genialen Mannes ab.

Der Versuch, ein vollständiges und klares Bild Mirabeaus zu entwerfen, ist der Verfasserin glücklich gelungen. Die Arbeit zeugt von großem Fleisse, von eingehender Kenntnis aller einschlägigen Literatur und klarem und sicheren Urteil.

Besonders sympathisch berührt ihre eigene Einstellung zu gerade heute sehr wichtigen Fragen wie Despotie (Diktatur) und Freiheit: sie zeigt sich in all diesen Fragen – Behandlung und Stellung der Juden (S. 85 f.), der Freiheit der Presse (S. 126f.) und der Wissenschaft (S. 97f.), Freiheit des Denkens und des Wortes (S. 86 f.). Ueberall tritt eine freiheitlich-demokratische Grundanschauung und antifaschistische Gesinnung der Verfasserin hervor.

gez. Dr. phil. Friedrich Slotty

o.ö. Professor i.R. der ehemaligen Deutschen Universität.

Auszug aus dem Gutachten von Prof. F. Slotty

14

ließ sich von den Dingen treiben.So traten nach heftigem Wahl=
kampfe am 5. Mai 1789 in feierlicher Weise die Reichsstände
zusammen,ohne daß das Königtum ein klares Programm hatte und
wußte,was es wollte und wie es vorgehen solle.Das Königtum ließ
sich die Führung aus der Hand nehmen : die Revolution war auf
dem Marsche.

IV. Geistige Wegbereiter der französischen Revolution.

Die politischen Mißerfolge,das ständig wachsende Defizit
allein hätten jedoch nicht genügt,die Revolution herbeizu=
führen.Ein gewaltiger Anteil an dieser Entwicklung gebührt den
Schriftstellern der Aufklärung.Auf dem Denkmal Voltaire's von
Houdon lesen wir die Inschrift:"Aux Manes de Voltaire.Poète,
historien,philosophe,il agrandit l'esprit humain et lui apprit,
qu'il devait être libre.Il défendit Calas,Sirven,de la Barre et
Montbailli,combattit les athées et les fanatiques;il inspira la
tolérance,il réclama les droits de l'homme contre la servitude
de la féodalité." In diesen kurzen Sätzen ist bereits die ganze
Wirksamkeit und Bedeutung Voltaire's ausgedrückt.Die Vernich=
tung des Christentums ist ihm gleichbedeutend mit dem Fort=
schritt der Menschheit.Alles zielt darauf ab,die inneren Wider=
sprüche und geschichtlichen Unrichtigkeiten der Bibel und die
verwandtschaftlichen Zusammenhänge der biblischen Überlieferun=
gen mit den heidnischen Sagen und Anschauungen nachzuweisen.
So ist es gekommen,daß man Voltaire für gottesleugnerisch und
religionsfeindlich gehalten hat.Es ist hier zu beachten,daß
Voltaire wohl kirchenfeindlich,jedoch nicht religionsfeindlich
ist.Im Sinne der englischen Deisten nimmt er einen Gott an,
da weder die Natur ohne einen Schöpfer und Erhalter noch die
menschliche Sitte und Bildung ohne einen letzen Richter über
Tugend und Laster zu denken sei."Aber wissen zu wollen,wie
dieses höchste Wesen beschaffen sei,heißt einem Unsinnigen

Eine Seite des Schreibmaschinenmanuskripts „Mirabeau"

Prof. Egon Weiß beurteilte die Arbeit wie folgt: [9]

Gutachten über die Schrift von Jenny Herrmann-Silberstein „Mirabeau"

Die Wahl des Gegenstandes der vorliegenden Schrift beruht darauf, dass die Verfasserin, als sie die Absicht hatte, an der Universität Berlin zum Dr. phil. zu promoviren, an den dortigen o.ö. Professor Dr. Wechssler wegen eines Themas für ihre Dissertation herantrat; er stellte ihr mehrere solche zur Auswahl u. sie entschied sich für eine Darstellung der Persönlichkeit Mirabeaus. Infolge ihrer Verehelichung ist es nicht zur Promotion gekommen. Als ihr Gemahl, Herr Dr. Leopold Silberstein ein Lektorat an der Universität Tartu (Estland) innehatte, machte sie die estnischen wissenschaftlichen Kreise mit ihrer im Schreibmaschin-Manuskript vorliegenden Dissertation bekannt. Sie fand damit derartigen Beifall, dass die Schrift ins Estnische übertragen, gedruckt u. den Studirenden der Geschichtswissenschaft als Muster einer geistesgeschichtlichen Darstellung in die Hand gegeben wurde.

Der Berichterstatter kann sich dem günstigen Urteil der estnischen Forscher nur anschliessen. Seine Zustimmung erstreckt sich sowohl auf den wissenschaftlichen Charakter als auch auf die geistige Gesamthaltung der Abhandlung. Die Dissertation ist durchaus nach wissenschaftlichen Grundsätzen ausgearbeitet; namentlich ist die Literatur zur Ideengeschichte des 18. Jahrhunderts u. mit Urteilskraft u. Kritik verwertet. Nicht bloß die äußeren Lebensumstände Mirabeaus, namentlich die 17 lettres de cachet, also willkürliche Verhaftungsbefehle (72) finden eine erschöpfende Darstellung, sondern die Verfasserin befasst sich auch eingehend, wirklich gründlich u. förderlich, mit den geistesgeschichtlichen Seiten des Gegenstandes; darauf, also auf die Einstellung Mirabeaus zu den geistigen u. sozialen Strömungen seiner Zeit u. auf die von ihm ausgehenden Einwirkungen ist sogar ihr Hauptaugenmerk gerichtet. Durchaus zutreffend wird Mirabeau als Träger jener Ideen aufgefasst, die, im 18. Jahrhundert wurzelnd, sich im 19. Jahrhundert durchsetzten, im 20. Jahrhundert, besonders in der Zeit nach dem ersten Weltkrieg durch die faschistischen Strömungen in den Hintergrund traten u. nunmehr neuerdings als die einzig richtigen Grundlagen des menschlichen Zusammenlebens anerkannt sind. Die Bedeutung der Abhandlung hat also über den Rahmen einer akademischen Gelegenheitsschrift weit

---

[9] Familienarchiv Jenny Herrmann

hinaus, nicht bloß ihren wissenschaftlichen Gehalt, sondern auch dadurch, dass sie sich als Dokument antifaschistischer Gesinnung darstellt. Besonders deutlich wird dies an zwei Punkten empfunden, der Erörterung des staatsbürgerlichen Gehorsams u. seiner Begrenzung, wie sie Mirabeau herausgearbeitet hat, u. weiter bei der Darstellung der Auffassung der Judenfrage durch Mirabeau; hier nimmt die Verfasserin auch zu jenen Einflüssen Stellung, die zur Zeit der Abfassung ihrer Abhandlung bereits die Herrschaft anzutreten sich anschickten. Sie lehnt diese Auffassungen ab. In diesem Zusammenhange wäre namentlich auch auf die Feststellungen über das Abhängigkeitsverhältnis Mirabeaus von dem Geheimen preussischen Archivar Christian Wilhelm v. Dohm hinzuweisen.

Prag, am 3/11 1945

gez. Egon Weiß

Diese zustimmenden Gutachten sollten Jenny Herrmann dazu dienen, ein Promotionsverfahren in Halle/Sa., wohin sie im Oktober 1946 von Prag gezogen war, einzuleiten. 1947 wandte sie sich dann an den namhaften Romanisten Prof. Dr. Victor Klemperer, der auch an der Universität in Halle lehrte. Prof. Klemperer, der selbst einen hartnäckigen Kampf um die Durchsetzung einer Professur für Romanistik führte, erkannte ungeachtet der von den Gutachtern bescheinigten antifaschistischen Grundeinstellung der Arbeit natürlich die Schwierigkeiten, mit dem Thema „Mirabeau" unter den ideologischen Bedingungen der damaligen stalinistischen Indoktrinierung ein Promotionsverfahren durchzuführen. Anstelle des ambivalenten Adligen Mirabeau, der im Prinzip für eine konstitutionelle Monarchie mit demokratischen Rechten für das Bürgertum eintrat, wäre gewiss die Diktatur der Jakobiner angesagter gewesen. Auch die Schwerpunktsetzung auf die Menschenrechte, die Freiheit des Denkens und des Wortes, der Presse, der Wissenschaften war in der zu errichtenden Diktatur des Proletariats fehl am Platze. Deshalb riet Prof. Klemperer zu sehr umfangreichen Änderungen des Themas. Jenny Herrmann, die drei Kinder und ihre Mutter zu versorgen hatte, ließ daraufhin die Dissertation ruhen. Die Aufgaben des Berufes und der Existenzsicherung hatten eine weitaus höhere Priorität.

Auch ohne ein absolviertes akademisches Verfahren hat die vorliegende Schrift bis auf den heutigen Tag ihren Wert behalten. Zugleich ist sie ein Zeugnis wissenschaftlicher Arbeit unter den Bedingungen der Emigration. Die Schrift kündet von der Geisteshaltung der Verfasserin, auch unter dem damals bedrohlichen Vormarsch des Faschismus in Europa die Ideale der Menschenrechte und der Demokratie hochzuhalten.

Deshalb habe ich mich entschlossen, diese Arbeit, die die existierende Literatur über Mirabeau vorteilhaft ergänzt und seinerzeit an der renommierten Universität von Tartu als akademisches Lehrbuch diente, einer breiteren Öffentlichkeit vorzustellen.

Die Rechtschreibung des Manuskripts wurde beibehalten. Da heutzutage die Kenntnis des Französischen nicht mehr so verbreitet ist wie in der ersten Hälfte des vorigen Jahrhunderts, wurden die französischen Zitate in Fußnoten übersetzt.

An dieser Stelle sei Frau Dr. Tatjana Shor vom Estnischen Historischen Archiv in Tartu herzlich gedankt, dass sie den Kontakt zum Estnischen Literaturmuseum vermittelte, in dem ich ein Exemplar der estnischen Ausgabe der Schrift „Mirabeau" als Rarität in Händen halten konnte.

Schließlich danke ich Herrn Björn Wysfeld aus Braunschweig für seine schöpferische, und wie ich meine, sehr gelungene Gestaltung des Buchumschlags.

Berlin, im Sommer 2013
Konrad Herrmann

Bildnachweis

S:19, 22, 25, 28, 29, 30, 43, 79, Wikipedia
S. 38, 44, 46, 57, 73, 130, 158, Estnisches Literaturmuseum Tartu
S. 161, 162 Familienarchiv Jenny Herrmann